André Comte-Sponville

Sex

Eine kleine Philosophie

*Aus dem Französischen von
Hainer Kober*

Diogenes

Zweiter Essay aus der 2012
bei Éditions Albin Michel, Paris,
erschienenen Originalausgabe:›Le sexe ni la mort‹
Copyright © 2012 by Éditions Albin Michel
Das Motto stammt aus folgender Ausgabe:
Saint-John Perse, *Das dichterische Werk*, Bd. 2,
München, Heimeran, 1978, S. 131
Umschlagillustration: Anna Keel,
›Rote Birnen‹, San Felice, 2002
Copyright © Anna Keel

Für Sylvie

Der Falke der Begierde zerrt an
seiner Lederfessel.
Die Liebe mit gespannten Brauen
krümmt sich über ihrer Beute.
Und ich, ich sah dein Antlitz sich
verwandeln, Plünderer!

Saint-John Perse, *See-Marken*

Inhalt

Aus dem Vorwort
zur französischen Ausgabe

Dieser Aufsatz war ebenso wie derjenige über die Liebe (*Liebe. Eine kleine Philosophie*) ursprünglich für den mündlichen Vortrag bestimmt. Das Referat über das Thema Sexualität habe ich erstmals im Juni 2004 vor Medizinern gehalten, anlässlich des 29. Kongresses der *Société française de sexologie clinique*. Ich habe es für die Buchform sorgfältig durchgesehen und Verbesserungen vorgenommen, wo sie mir angebracht erschienen. Trotzdem blieb der ursprüngliche mündliche Charakter erhalten – mit allen Schwächen, aber vielleicht auch gewissen Vorzügen, die daraus resultieren. Man sollte keinesfalls schreiben, wie man spricht, und noch viel weniger sprechen, wie man schreibt. Aber diese beiden Äußerungsformen können sich gegenseitig befruchten.

Einleitung

»Dem Tod kann man ebenso wenig fest ins Auge sehen wie der Sonne«, schreibt La Rochefoucauld.[1] Was das Geschlecht betrifft, so ist das inzwischen anders: Nur wenige Männer und Frauen versagen sich oder scheuen heute den offenen Blick darauf. Warum hat sich mir beim Thema Sexualität trotzdem diese Formulierung so sehr aufgedrängt, dass ich sie hier zu Beginn zitiere? Vielleicht weil sich in den drei Fällen – Geschlecht, Tod, Sonne – das Wesentliche dem Blick entzieht oder ihn blendet, ihn aber trotzdem – oder gerade deshalb – fasziniert. Das Wesentliche? Nicht die Agonie, sondern der Tod als Nichts oder Geheimnis. Nicht das banale Gestirn, sondern die Sonne als das, was uns leuchtet und uns blendet, als Wärme und Energie, ohne die wir nicht wären. Nicht das Geschlechtsorgan, sondern die Sexualität als Funktion, als Trieb, als Abgrund.

Die Sexualität oder das Begehren? Das eine oder das andere: Beides, sagt Spinoza, das Erstere ist eine Kategorie oder Erscheinungsform von Letzterem – es sei denn, hätte Freud vielleicht entgegnet, es verhält sich umgekehrt.

Aber was ist Sexualität? Was können uns die Philoso-

---

1 La Rochefoucauld, *Maximen und Reflexionen*, 26, Stuttgart, Reclam, 2012, S. 17.

phen dazu sagen? Was lehrt uns die Erotik über uns selbst? Welche Lebensweisheiten oder Erkenntnisse können wir aus ihr gewinnen? Das sind in etwa – und in dieser Reihenfolge – die Fragen, die ich hier untersuchen möchte.

Was ist Sexualität?

Weder Sexualität noch Tod beginnt mit uns: Letzterer ist offenbar fast so alt wie das Leben; Erstere weit jünger (das Leben war anfangs über Jahrmillionen ungeschlechtlich), jedoch viel älter als die Menschheit. Sterblichkeit und Sexualität sind zunächst einmal objektive Gegebenheiten, die auf die meisten Arten zutreffen. Aber erleben kann man sie nur subjektiv. Das gilt für den Tod (nicht die Art stirbt, sondern die Individuen) und in noch höherem Maße für die Sexualität: Nicht die Art zeugt, kopuliert, begehrt – dazu sind nur die Individuen fähig.

Was ist Sexualität? Im Französischen taucht das Wort im 19. Jahrhundert auf.[2] In ihren verschiedenen Erscheinungsformen ist die Sache selbst viel älter als die ältesten Sprachen. Aus biologischer Sicht können wir alles als *Sexualität* bezeichnen, was die geschlechtliche Fortpflanzung betrifft. In diesem Sinne sprechen Botaniker gelegentlich von pflanzlicher Sexualität, wenn mir diese Ausdrucksweise auch etwas fragwürdig erscheint. Für die menschliche Sexualität wäre diese Definition dagegen zugleich zu eng und zu weit: Viele unserer sexuellen Handlungen oder Phantasien haben

---

2 Im Deutschen ebenfalls, vgl. *Das digitale Wörterbuch der deutschen Sprache* (DWDS): http://www.dwds.de/?qu=Sexualität. (A. d. Ü.)

nichts – oder allenfalls indirekt – mit der Fortpflanzung zu tun. Bestimmte Formen der künstlichen Befruchtung (vom Klonen nicht zu reden) können in Raum und Zeit vollkommen abgekoppelt sein von dem, was wir normalerweise unter Sexualität verstehen. Geschlechtsakt und Befruchtung mögen zwar physiologisch eng zusammenhängen, sind aber trotzdem theoretisch und praktisch zwei sehr verschiedene Vorgänge. Das ist nicht nur eine Errungenschaft der Wissenschaft, sondern auch eine Gegebenheit, die seit je die Sexualität des Menschen bestimmt. Heute können wir Kinder zeugen ohne Zeugungsakt. Mit ein bisschen Pech oder Glück war es schon immer möglich, Sex zu haben, ohne Kinder zu zeugen. Da fällt mir ein sehr alter Witz ein, der einer jungen Katholikin folgendes Gebet an die Mutter Gottes in den Mund legt: »Oh, heilige Jungfrau Maria, die du empfangen hast, ohne zu sündigen, lass mich sündigen, ohne zu empfangen!« Das Dogma von der unbefleckten Empfängnis, das uns so antiquiert erscheint (und über das Christus, nebenbei gesagt, kein Wort verlauten lässt), weist paradoxerweise eine Gemeinsamkeit mit der Empfängnisverhütung auf: Es handelt sich um zwei Strategien zur Entkoppelung von Beischlaf und Befruchtung. Nur verwunderlich, dass die Kirche darin in dem einen Fall ein Wunder und in dem anderen eine Sünde erblickt. Egal. Das Dogma und der Fortschritt bestätigen beide, wenn auch auf unterschiedliche Weise – Erstere mythologisch, Letztere wissenschaftlich –, dass Fortpflanzung und Sexualität zwei verschiedene Funktionen sind, die man nicht durch die jeweils andere definieren kann.

Eher eine Funktion als eine Fähigkeit

Ich werde eine andere Definition der Sexualität vorschlagen, eine, die enger ist, insofern sie sich auf eine Art konzentriert (die Menschheit, was nicht heißen soll, dass unsere Sexualität nichts zu tun hätte mit den tierischen oder pflanzlichen Spielarten der Sexualität), und zugleich umfassender, insofern sie eine Vielzahl von Phänomenen einschließt. Die Sexualität in dem Sinne, wie wir das Wort gewöhnlich verwenden, betrifft weniger die Fortpflanzung als eine Reihe von Begierden (diejenigen, die ein Mensch für einen anderen in seiner fleischlichen und geschlechtlichen Wirklichkeit empfindet) und eine Reihe von Lustempfindungen (diejenigen, die uns die Geschlechtsorgane und andere erogene Zonen verschaffen). Es geht weniger um Fruchtbarkeit als um Sinnlichkeit, weniger um Fortpflanzung als um Genuss, weniger darum, die Art zu erhalten, als Lust zu empfangen oder zu schenken. Der Sex ist nicht in erster Linie dafür da, für künftige Generationen zu sorgen. Das wissen die Liebenden. Und die Vergewaltiger auch.

Was ist Sexualität? Die Gesamtheit der Affekte, Phantasien und Verhaltensweisen, die verknüpft sind – und sei es nur in der Vorstellung – mit der Lust am Körper eines anderen oder dem eigenen, insoweit er geschlechtlich ist. Es ließe sich einwenden, diese Definition sei zirkulär (da sie das Geschlecht in die Definition der Sexualität einbezieht); aber dieser Zirkelschluss ist vorgegeben durch die Natur (die unsere: den Körper), von der alles kommt, auch die Kultur, und der sich nichts und niemand entziehen kann. Die Geschlechtlichkeit des menschlichen Körpers ist eine

Tatsache. Dank der Sexualität können wir mit dem Körper spielen und Lust empfinden, ihn nutzen oder auch nicht. Sie ist weniger eine Fähigkeit als eine Funktion, weniger ein Instinkt als ein Trieb.

Was ist der Unterschied zwischen einer *Fähigkeit* und einer *Funktion*? Zwar haben die beiden Begriffe durchaus miteinander zu tun, doch der erste bezeichnet ein paar mehr oder minder effiziente Mittel, die es anzuwenden gilt; der zweite betont stärker den Zweck (eher nicht zielgerichtet: Darwin), auf den diese Mittel ausgerichtet sind. So gibt es die Funktion der Ernährung oder der Fortpflanzung; und die Fähigkeit, die man hat oder nicht, sich zu ernähren oder fortzupflanzen. Die Funktion ist der Art eigen und bleibt abstrakt oder virtuell, solange kein Individuum die Fähigkeit aufbringt, sie zu verwirklichen. Die Fähigkeit dagegen besitzt das Individuum in stärkerer oder schwächerer Form: Die Gesamtheit der – beispielsweise organischen – Mittel befähigen es, die eine oder andere Funktion zu erfüllen, mit anderen Worten, dieses oder jenes zu machen (lateinisch *facultas* – Fähigkeit – kommt von *facere* – machen, tun), beispielsweise zu denken, zu wollen, Lust zu erleben. Die Fähigkeit ist eine »Kraft« (Locke)[3], ein »Vermögen« (Kant)[4], ein »tätiges Vermögen« (Leibniz)[5]. Die Funktion

---

3 *Versuch über den menschlichen Verstand*, Bd. I, Buch II, Kap. VI, Hamburg, Meiner, 1981, S. 138 *(power)*.

4 *Anthropologie in pragmatischer Hinsicht*, I, § 7, Akademie der Wissenschaften, Berlin, 1900 ff. (fortan zitiert als AA [Akademie-Ausgabe]), Bd. VII, S. 140–141. Vgl. auch *Kritik der Urtheilskraft*, Einleitung, III, AA, Bd. 5, S. 176–179.

5 *Neue Abhandlungen über den menschlichen Verstand*, französischdeutsch, Frankfurt a. M., Insel, 1961, II, 21, § 1, S. 241–242.

bleibt erhalten, und sei es als Defizit, wenn wir nicht oder nicht mehr können.

Eher ein Trieb als ein Instinkt

Welcher Unterschied besteht zwischen *Instinkt* und *Trieb*? Auch diese beiden Begriffe haben miteinander zu tun: Beide lassen sich dem Oberbegriff der angeborenen Verhaltenstendenzen zuordnen. Doch der Instinkt ist eine Tendenz mit eingebauter Bedienungsanleitung, ein Wissen, das biologisch weitergegeben wird. Der Trieb dagegen enthält keine Bedienungsanleitung, kein angeborenes Wissen: Er drängt uns dazu, in einer bestimmten Weise zu handeln (und ist infolgedessen eine Verhaltenstendenz), aber ohne dass er mit seiner genetischen Botschaft ein explizites Ergebnis anstrebt noch uns die Mittel in die Hand gibt, es zu erreichen. Vögel können Nester bauen und Spinnen Netze weben, ohne es lernen zu müssen. Das sind instinktive Verhaltensweisen, für die die Gene genügen. Der Mensch ist in dieser Hinsicht ziemlich benachteiligt, denn er wird nur mit wenigen Instinkten geboren (Saugen, Greifen...), zu denen die Sexualität definitiv nicht gehört. Wir erhalten sie ohne Bedienungsanleitung. Deshalb interessieren sich Kinder so vehement für Zweck und Funktion der Genitalien (lesen Sie nach, was Freud über die sexuelle Neugier schreibt), und die Erwachsenen kaum weniger. Das sexuelle Begehren lehrt uns nicht, was wir beim Geschlechtsakt zu tun haben, nicht, was der andere begehrt, und noch nicht einmal immer, was wir selber begehren. Der Koitus? Ein

Trieb drängt uns zu ihm. Kein Instinkt lehrt ihn uns. Daher die Unwissenheit in den Jahren der Kindheit, dann die Unruhe, die Phantasien, später die Vorbereitungen, die Entdeckung, die Improvisation, die tastenden Versuche, die Initiation, die Lehrzeit, schließlich eine gewisse Virtuosität, zumindest zeitweise, die uns aber nicht gegen Ungeschicklichkeit feit, gegen Scheitern, mangelnde Befriedigung, Ängste … Die Harmonie der Geschlechter gibt es nicht von Natur aus. Die Organe entsprechen sich nur ungefähr. Die Begierden, Phantasien, Verhaltensweisen nicht immer. Deshalb ist alle Erotik kulturell. Wir sind Tiere, kein Vieh.

Das Obszöne und das Obskure

Hüten wir uns vor dem übereilten Schluss, dass der Mensch keine Natur hätte, oder gar, dass ihm nichts Natürliches eigen wäre. »Der Mensch hat keine Instinkte«, wurde behauptet, »er schafft sich Institutionen.«[6] Mag sein, zweifellos gehört die Ehe dazu. Nicht aber die Sexualität: Sie ist kein Instinkt und noch weniger eine Institution. Sie geht jeder Entscheidung, jeder Regel, jeder Kultur voraus. »Der Mensch ist ein Tier, das im Begriff ist, die Art zu plündern.«[7] Zugegeben, aber er hat es nie geschafft. Sonst gäbe es keine Menschheit mehr. Wir sind kein Vieh, das stimmt, aber wir sind Tiere und werden es immer bleiben. Das ruft uns die

6 Gilles Deleuze, »Professeur au Lycée d'Orléans«, in der Einleitung zu einer kleinen Textsammlung für Gymnasien, *Instincts et institutions*, Hachette, 1953, S. XI.
7 ebd.

Sexualität immer wieder ins Gedächtnis, weshalb sie so beunruhigend, aufwühlend, schockierend, so angenehm ist. Sie ist die wahre Erbsünde (»…und sie wurden gewahr, dass sie nackt waren«[8]), allerdings keine Sünde, sondern ein Trieb, der verknüpft ist mit der Furcht, die er in uns weckt (»Ich… fürchtete mich; denn ich bin nackt, darum versteckte ich mich…«[9]), als müsste man sich schämen, nur ein Tier, nur dieser geschlechtliche Körper zu sein. Vielleicht ist das der Punkt, wo der Verstand beginnt, in der Scham, der Beklommenheit, dem Verbot (besonders dem Inzestverbot), die uns die Sexualität entrücken – durch Kleidung, Erziehung, Ehe – und sie dadurch nur umso begehrenswerter, verlockender, faszinierender machen. »Das griechische Wort *phallos* heißt auf Lateinisch *fascinus*«, berichtet Pascal Quignard;[10] und kaum jemand wird leugnen, dass das Adjektiv »faszinierend« genauso auf das Geschlecht der Frauen zutrifft. Was bedeutet das? Faszinieren heißt zugleich bezaubern und blenden, verlocken und lähmen, verführen und bannen. »Der *fascinus* fesselt den Blick so sehr, dass dieser sich nicht losreißen kann… Faszination ist die Wahrnehmung des toten Winkels der Sprache.«[11] Genau das bringen Vulgärsprache und Scham zum Ausdruck: Die Quasi-Unmöglichkeit, normal, gelassen, höflich das zu sagen oder zu zeigen, was wir sind, was uns antreibt oder anzieht und was wir gelegentlich ablehnen. »Die

8 1. Mose 3,7.
9 a.a.O. 3,10.
10 Pascal Quignard, *Le Sexe et l'Effroi*, Gallimard, 1994, Nachdr.: Reihe »Folio«, 2011, S. 11. Vgl. auch Kap. III *(»Le fascinus«)*.
11 ebd.

Begierde fasziniert«[12]: Sie ist fasziniert von ihrem Objekt und faszinierend für ihr Subjekt. Wie nähert man sich ihm ohne Schrecken oder Scham? Es ist, als wäre das Geschlecht von Natur aus obszön, oder vielmehr, als wäre es trotz seiner extremen Banalität dasjenige Element der Natur, das die Kultur nie ganz akzeptieren, integrieren, reduzieren kann, ein Übermaß an Abgrund,[13] das Schwarze Loch der Begierde oder des Lebens. Wir denken an Buñuel: »*Dieses obskure Objekt der Begierde*...« Und sein Subjekt ist sicherlich nicht weniger obskur. *Obszön, obskur*: Möglicherweise haben die beiden Wörter denselben etymologischen (rätselhaften) Ursprung,[14] als müsse das, was es zu verbergen gilt (das Obszöne – *obscenus* bedeutet auf Lateinisch zunächst »unheilvoll«), im Schatten *(obscurus)* bleiben, selbst wenn wir es enthüllen und zu zähmen trachten. Die Philosophen tun gut daran, für die Aufklärung zu streiten. Doch wenn sie glauben, sie könnten diese Nacht (die »se-

---

12 a.a.O., S. 74.
13 Ich entlehne den Ausdruck »ein Übermaß an Abgrund« *(un bloc d'abîme)* dem schönen Titel eines Buchs von Annie Lebrun, *Soudain un bloc d'abîme, Sade*, Éditions Jean-Jacques Pauvert, 1986.
14 Die Herkunft der lateinischen Wörter, die ihnen zugrunde liegen *(obscenus* beziehungsweise *obscurus)*, »lässt sich im Lateinischen nicht klären« (Ernout-Meillet in: Alain Rey [Hg.], *Dictionnaire historique de la langue française*, Le Robert, 1998), daher ist ihre Etymologie »unbekannt« (ebd.). Möglicherweise stammen sie beide aus derselben indogermanischen Wurzel, die man beispielsweise im Sanskritwort *skauti* (»er bedeckt«), im altisländischen *skuggi* und althochdeutschen *scuwo* (»Schatten«) findet. Daher kommt laut Alain Rey auch »das englische *sky*, ursprünglich ›Wolke‹, dann ›bedeckter Himmel‹, dann ›Himmel‹« (a.a.O., Eintrag »Obscur«). So betrachtet, ist das Obskure das, was bedeckt ist; das Obszöne das, was es sein muss oder müsste.

xuelle Nacht«, wie Quignard sagt[15]), ohne die es ihre Zunft gar nicht gäbe, gänzlich vertreiben, täuschen sie sich.

In einem 1972 veröffentlichten Buch kritisierte Françoise Sagan, selbst eine sehr freie und sehr schamhafte Person, die filmische Darstellung der Sexualität, die damals gerade in Mode kam (auch durch Filme, die nicht ausgesprochen pornographisch waren) und dies auch weiterhin ist: »Was haben sie gemacht mit der Tollheit der Nächte, den geflüsterten Worten im Dunkeln, dem ›Geheimnis‹, diesem ungeheuren Geheimnis der körperlichen Liebe? Gewalt, Schönheit, Lust, wo seid ihr geblieben… Diese Massen, Tonnen menschlichen Fleisches, die man uns heute vorwirft, gebräunt, bleich, stehend, sitzend, liegend, wie langweilig!«[16] Doch wäre die Langeweile wirklich so groß, wie ließe sich dann erklären, dass die Filme so erfolgreich sind und dass die Filmindustrie immer noch mehr Streifen dieser Art produziert? Was im Übrigen nicht besonders schlimm ist. Erstaunlich ist dabei nur, dass das Geheimnis fast unangetastet bleibt und sich jeder denkbaren Zurschaustellung widersetzt – als wohne der Sexualität etwas inne, das man nicht ganz enthüllen kann –, weder indem man es darstellt, noch indem man es ausspricht oder selbst stundenlang darüber redet. Das belegen porno-

---

15 Das ist der Titel eines seiner Bücher, das sehr hübsch illustriert ist: *La Nuit sexuelle*, Flammarion, 2007, Nachdr. bei *J'ai lu*, 2009.

16 *Des bleus à l'âme*, Flammarion, 1972, Nachdr., Livre de Poche, 2010, S. 25. Auch Michel Foucault beschwört im ersten Band seines Werks *Sexualität und Wahrheit* das »Geheimnis« der Sexualität, neben dem »uns alle Rätsel der Welt so leicht im Vergleich zu diesem Geheimnis [erscheinen], das in jedem von uns so winzig ist, und doch seiner Dichte wegen schwerer wiegt als jedes andere« (Michel Foucault, *Der Wille zum Wissen*, Frankfurt a. M., Suhrkamp, 1977, S. 186).

graphische Filme auf paradoxe Weise: Niemand weiß, was die Darsteller empfinden (selbst die Ejakulation ist kein Beleg für Lust, für Gefühle, für sinnliches Erleben, all die Dinge, die allein zählen), am allerwenigsten die Darsteller selbst. Und unser Privatleben bestätigt das: Kein Mensch weiß, wie seine Freunde Sex praktizieren (es sei denn, er wäre beteiligt gewesen), welche Gefühle oder Lusterlebnisse dabei in ihnen geweckt werden, noch wie kühn oder schamhaft sie zu Werke gehen. Weder Sex noch Tod lässt sich angemessen mitteilen. Woher soll ich wissen, was ein Mensch fühlt, den ich im Augenblick seines Orgasmus oder Todes umarme? »Aber in demselben Maße, in dem wir beginnen, als Einzelne das Leben zu versuchen«, sagt Rilke, »werden diese großen Dinge uns, den Einzelnen, in größerer Nähe begegnen.«[17] Das gilt auch für die körperliche Liebe: das »ungeheure Geheimnis« widersteht selbst der freiesten Liebe.

Körper und Seele

Die Kultur will sich über die Natur erheben und gehört doch zu ihr, genauso wie die Menschen das Tierhafte überwinden wollen und doch Tiere bleiben. Das heißt, das Tierhafte besteht fort, einerseits verändert (durch Zivilisation, Sprache, Verstand) und andererseits intakt (im Körper). Der Dualismus ist zwar ein metaphysischer Irrtum, scheint aber unserer Erfahrung zu entsprechen. Wie soll ich denn

---

17 Brief vom 14. Mai 1904, *Briefe an einen jungen Dichter*, Zürich, Diogenes, 1997, S. 87.

ganz Körper sein, da ich ihn doch steuere, ihm widerstehe, ihn beherrsche oder mich von ihm hinreißen lasse? Mein Körper ist das, was ich bin, ohne es ganz zu sein, da ich ihm nicht immer folge, sondern ihm auch vorauseilen, ihn zwingen, ihm sogar gelegentlich Gewalt antun kann. Folglich muss ich – zumindest unter einem bestimmten Blickwinkel – auch etwas anderes sein: eine Seele. Sie ist es, die das Gleichgewicht verliert durch ein Stück Haut, das unser Blick erhascht, die sich einer Phantasie hingibt, durch ein Streicheln außer sich gerät, sich in den Zuckungen des Körpers verliert! Zumindest empfindet man eine gewisse Scham: »Der Seelen Tod in schimpflicher Zerstörung/ist Lust in Tat«, heißt es bei Shakespeare.[18] Zweifellos eine Formulierung, die in ihrer Übertreibung eine puritanische Erziehung verrät. Doch wer von uns empfindet nicht im Rückblick angesichts der eigenen Tollheiten so etwas wie Überraschung oder Scham, so dass es schwierig ist, sie in normaler Gemütsverfassung anders als scherzhaft zu erwähnen, und köstlich, sie in äußerster und zärtlichster Intimität zu beschwören? Shakespeare war weder so töricht noch so prüde. »[D]aß der Geist und der Körper ein und dasselbe Ding sind«[19] – diese Überzeugung teile ich mit Spinoza, zumal sie nach den Ergebnissen der modernen Neurowissenschaften immer wahrscheinlicher wird. Aber der sexuelle Charakter dieser Angelegenheit sorgt in der Seele ständig für Verstörung, Aufregung, Staunen und Befangenheit. Die Seele wundert sich über den Körper und

18 *Sonett 129*, Frankfurt a.M., Zweitausendeins, 2000, S. 1285 *(Th'expense of spirit in a toaste of shame/Is lust in action…)*.
19 Teil III, Anmerkung zu Lehrsatz 2, S. 116.

empfindet ihn gelegentlich als peinlich. Wer glaubt, nur die Religion (zumal die jüdisch-christliche) könne diese Scham erklären, ist reichlich naiv! Ich würde eher meinen, diese Scham erkläre die Religion, zumindest teilweise. Nicht nur der Tod macht Angst, und nicht nur die Welt ist verwunderlich. Aber wenn sie die Scham nur durch die Verbote erklärt, die die Sexualität betreffen, »wird die Frage selbst als Lösung ausgegeben«[20]. Denn wie erklären sich diese Verbote? Gleiches gilt für den Versuch, diese Verbote durch die Religion zu erklären. Warum sucht sie die Schuld vor allem bei den Genitalien und dem Sex und nicht bei anderen Organen oder Funktionen? Offenbar hat die Sexualität von Natur aus etwas ganz Besonderes und Beunruhigendes, das von der Religion beschrieben oder angeprangert, aber von ihr alleine nicht erklärt werden kann – egal, um welche Religion es sich nun handelt. Die Welt hat allerdings nicht auf das Christentum warten müssen, um die Merkwürdigkeit der Sache zu erkennen. Selbst die Griechen, die doch so frei in ihren Sitten waren, zeigten eine große Zurückhaltung,[21] sogar eine gewisse »Unruhe« und »Besorgnis«,[22] wenn sie über Sexualität sprachen. Sogar die Ange-

20 Um in einem anderen Zusammenhang eine scharfsinnige Bemerkung von Foucault aufzugreifen: *Sexualität und Wahrheit*, Bd. II, »Der Gebrauch der Lüste«, Frankfurt a. M., Suhrkamp, 1986, S. 17.
21 Auch diese Bemerkung stammt von Michel Foucault, a.a.O., S. 53.
22 a.a.O., S. 161. Vgl. ferner S. 175–177 und 314–316. Eine wichtige Erkenntnis in *Sexualität und Wahrheit* besteht darin, dass »die sexuelle Sittenstrenge, die man bei den Philosophen der ersten Jahrhunderte unserer Ära findet« (z.B. bei den Stoikern), ihre Wurzeln in einer »alten Tradition« der griechischen Philosophie hat, »soweit sie eine künftige Moral ankündigt«, nämlich die des Christentums (*Sexualität und Wahrheit*, Bd. III, *Die Sorge um sich*, a.a.O., S. 303–304).

hörigen von unbekleidet lebenden Völkern verbergen sich, um sich zu begatten (was Menschenaffen fast nie tun). Woraus folgt, dass wir nicht die Nacktheit als Problem empfinden, sondern das Begehren. Nicht die Sexualorgane, sondern die Sexualität als Trieb, als Funktion, als Manifestation des Tierhaften. Des Tiers in uns, das uns zu Menschen macht (in der biologischen Bedeutung des Worts) und uns zur Weiterentwicklung zwingt (im normativen oder kulturellen Sinne). Weder die Sexualität noch der Tod entgeht der Biologie oder lässt sich auf sie reduzieren.

Man sollte meinen, das Tierhafte zeige sich genauso in der Atmung, der Ernährung, der Ausscheidung... Sicherlich. Daher gehört es auch zum guten Ton, es mit einer gewissen Zurückhaltung und Kontrolle zu praktizieren (wir vermeiden es, allzu laut zu atmen, wir achten auf das, was wir essen und wie wir es essen). Für die Entleerung ziehen wir uns sogar ganz zurück. Aber diese Funktionen vereinnahmen uns nicht so restlos: Unser Verstand kann sie von außen, ruhig, gelassen betrachten oder sogar – während sie stattfinden – an ganz andere Dinge denken. Geben wir zu, dass wir die Sexualität gewöhnlich mit weniger Freiheit, Heiterkeit, Distanz erleben! Es ist der tierische Teil in uns, der uns am meisten packt und der am schwierigsten zu vergessen, zu beherrschen und zu zivilisieren ist. Das macht ihn unter anderem und nicht zuletzt so faszinierend. Wie verstörend und betörend ist es für den Menschen, in sich und dem anderen das Tier wiederzufinden, das keiner von ihnen je aufhörte zu sein! Das ist der Preis, den wir für die Zivilisation zahlen – und die Belohnung, wenn man so will. Selbst die Schimpansen würden uns, wüssten sie es, darum beneiden. *Ma bête* – »mein Tier« – ist im Französischen ein Kosewort, auf das kein Tier verfallen könnte.

Die Sexualität ist nicht Fähigkeit, sondern Funktion, nicht Instinkt, sondern Trieb. Sie setzt weder Können noch Wissen voraus. Deshalb brauchen wir Sexualerziehung und gelegentlich auch Sexologen. Die Philosophie kann sie natürlich nicht ersetzen. Aber wie könnte uns die Sexologie – selbst wenn es um die Sexualität geht – das Philosophieren ersparen?

Einige Philosophen und
die Sexualität

Weder Sexualität noch Tod hängt gewöhnlich von uns ab:
Nur selten wählen wir sie, und nie können wir ihnen entgehen. Aber sie verweisen auf unsere entscheidende Abhän-
gigkeit, ohne die es uns nicht gäbe. Leben heißt für den
Menschen, abhängig zu sein: von seinem Körper, also der
Welt; von sich, also den anderen. Ich habe nicht entschieden,
geboren zu werden oder sterblich zu sein; einen Körper beziehungsweise diesen Körper zu haben (oder ich zu sein);
ein Geschlecht beziehungsweise dieses Geschlecht zu haben. Ich muss damit leben, wie man so sagt. Selbst Transse-
xuelle und Eunuchen bleiben nicht davon verschont – egal,
ob mit einem anderen Geschlecht oder ohne, auch sie
müssen damit leben. Insofern gehören Geschlecht und Tod
zwangsläufig zu uns (da wir sterblich und geschlechtlich
sind), doch ob wir leben und welchem Geschlecht wir ange-
hören, das ist Zufall. Das ist wie ein Schicksal in der ersten
Person. Mir bleibt nichts anderes übrig, als es anzunehmen,
in ihm, wenn möglich, einen Spielraum an Freiheit zu gewinnen. Niemand entscheidet sich, geboren zu werden; kein
normaler Erwachsener lebt weiter, ohne sich dafür entschieden zu haben. Niemand ist schuld daran, ein Geschlecht zu
haben; niemand ist ganz unschuldig an seiner Sexualität.

Die Philosophen schreiben so gern über den Tod, dass sie manchmal des Guten zu viel tun und ihn zur Quintessenz ihres Tuns erklären (»Philosophieren heißt Sterben lernen«[23]). Bei der Sexualität äußern sie sich häufig zurückhaltender und vorsichtiger oder übergehen sie ganz. Zu viel Emotionalität in ihr, oder in uns, zu viel Egoismus, Gier, Gewalt, vielleicht auch zu viel Dummheit. Das ist unsere Schattenseite. Das Licht der Aufklärung schreckt davor zurück.

Die Scheu der Philosophen

Ich erspare uns die unzähligen Verurteilungen, vor allem unter dem Einfluss der Religion, die wir bei so vielen Philosophen finden. Sogar Platon, der zunächst so nachsichtig gegenüber dem Eros ist, so wohlwollend gegenüber der Päderastie, sofern sie im Wesentlichen geistig bleibt, urteilt streng über »gemeine« Aphrodite, der es nur um die fleischliche Lust geht. Damit wird im Grunde die Sexualität in Bausch und Bogen verdammt, denn sie unterwirft

---

23 Um die Sentenz aufzunehmen, die Montaigne berühmt gemacht hat, obwohl er sich schon bald wieder von ihr distanzierte. *Essais*, I, 20, S. 126. (Alle Montaigne-Zitate sind der dreibändigen Ausgabe in der Übersetzung von Hans Stilett entnommen: Michel de Montaigne, *Essais*, München, btb, 2000. Lizenzausgabe der bei Eichborn 1998 erschienenen Ausgabe.) Er hat sie bei Cicero entlehnt (*Tusculanae disputationes*, I, XXX–XXXI), der den Gedanken seinerseits von Platon übernommen hat (*Phaidon*, 64 a–68 c, *Platon. Werke in acht Bänden*, Bd. 3, S. 23–39. [Alle folgenden Platon-Zitate stammen aus dieser Ausgabe.]).

sich nicht den erhabenen Ansprüchen der »himmlischen« Aphrodite (der Platon'schen, wenn auch nicht platonischen, Liebe).[24] Diese anfangs nicht allzu heftige Verurteilung im *Gastmahl* und in *Phaidros* wird mit der Zeit immer strenger, bis sie in den *Gesetzen* zu einer Art Puritanismus ausufert. Das sexuelle Begehren? Eine »Raserei«, die den Menschen »durch und durch erglühen« lässt[25]: Es stürzt so »viele Menschen vielfach in äußerstes Verderben«[26], dass man sich besser vor ihm hütet. Wer sich ihm hingibt, der verspürt den Wunsch, »sich daran zu sättigen, ohne dem Charakter der Seele des Geliebten den geringsten Wert beizumessen«[27]. Dass die Sexualität in der Liebe zu ihrem Recht kommt, mag hingehen. Der Körper muss in Wallung kommen und sich wieder beruhigen. Das Geschlecht oder der Staat muss fortdauern. Aber dann bitte in Übereinstimmung mit der Natur (also unter Ausschluss der Homosexualität) und im Rahmen der Ehe![28] Im Übrigen ist nach Ansicht des alternden Platon die Sexualität selbst in dieser eingeschränkten Form nichts Erstrebenswertes, sondern bleibt ein minderes Übel: Besser wäre es für den Lieben-

---

24 Zu der (traditionellen, ursprünglich aus der Mythologie stammenden) Unterscheidung zwischen den beiden Aphrodite-Konzeptionen vgl. das *Gastmahl*, 180 d–182 a, S. 237–239. Zur Rolle, die diese Unterscheidung bei Sokrates und dann bei Platon spielt, vgl. Robert Flacelière, *L'Amour en Grèce*, Hachette, 1960, Kap. VI, S. 186–196. Zu Platons Liebesbegriff siehe mein Buch *Die Liebe*, Zürich, Diogenes, 2014, S. 73 ff.

25 *Gesetze*, Bd. 8/1, 783 a, S. 427 (übrigens das letzte unvollendete Werk Platons).

26 a. a. O., Bd. 8/2, 835 e, S. 133.

27 a. a. O., 837 c, S. 137.

28 a. a. O., 836 a–839 d, S. 133–145.

den, er würde »mit dem keuschen Geliebten allezeit ein keusches Leben führen«[29].

Und wie steht es mit Augustinus? Er war doch ein genialer Kopf und wusste, wovon er sprach (vor seiner Bekehrung war er schließlich ein Lebemann gewesen), trotzdem sah der Verfasser der *Bekenntnisse* in der Sexualität nichts als »Schmutz« und »Finsternis der Lust«[30], »finstere Liebesabenteuer« und »Sumpf fleischlicher Begierde«[31], eine bejammernswerte »Begier, mir durch die Berührung mit dem Sinnlichen Linderung zu verschaffen«[32], die aus einem Menschen, der sich ihr hingibt wie der junge Augustinus, ein Geschöpf voller »Hässlichkeit und Unsittlichkeit« macht, das in »Abgründen der Leidenschaft«[33] danach strebt, sich »an Höllischem zu sättigen«[34]! Warum so viel Hass? Weil die Fleischeslust aus der Sünde erwächst, erklärt der Bischof von Hippo, und sie verstärkt.[35] Vor dem Fall konnten Adam und Eva sich nämlich auch fleischlich in »reiner Liebe« vereinen, ohne Erregung und Begehrlichkeit: auf den bloßen »Wink des Willens... und ohne den verführerischen Anreiz der Begier, mit voller

---

29 a. a. O., 837 c–d.
30 *Bekenntnisse*, III, 1, 1989, S. 71.
31 a. a. O., II, 1–2, S. 58. [Da fehlt noch ein Zitat aus Buch 10, aber es genügt auch so, wie ich finde.]
32 a. a. O., III, 1, S. 71.
33 ebd.
34 a. a. O., II, 1, S. 58.
35 *Des heiligen Kirchenvaters Aurelius Augustinus zweiundzwanzig Bücher über den Gottesstaat*, Kempten, München 1911–16. Für die Bibliothek der Kirchenväter bearbeitet, XIV, 21 (http://www.unifr.ch/bkv/buch91–198-1919.htm).

Ruhe des Geistes und des Leibes«[36]. Sogar die Erektion gehorchte damals dem »guten Willen«, und nicht wie heute dem »Fieber der Lust«[37]! Mit unserer Unschuld haben wir auch diese Gelassenheit verloren: Jetzt sind wir Gefangene dieser *libido* (das ist das Wort, das Augustinus verwendet, um das sexuelle Verlangen zu bezeichnen). Dabei hegt »die menschliche Natur… ohne Zweifel Scham und Scheu gegenüber dieser Lust«[38] und ist ohne die Gnade außerstande, sich von »der klebrigen Begier«[39] loszureißen. Selbst die Ehe ist davon nicht ausgenommen: Besser sind Jungfräulichkeit[40] und Enthaltsamkeit[41]. Der »eheliche Akt« bleibt, wenn er »zur Sättigung der Begierde« vollzogen wird (und nicht um Kinder zu zeugen), selbst unter Eheleuten »eine Schuld«[42], die, obwohl »verzeihlich«[43], dennoch die Pervertierung unserer Natur seit dem Sündenfall beweist…

Prüderie des Frömmlers? Gewissensbisse des Bekehrten? Zornesausbrüche des Prälaten? In dieser Überzeichnung gewiss. Aber die Sexualität schockiert nicht nur reli-

36 a.a.O., xiv, 26 (http://www.unifr.ch/bkv/kapitel1932-25.htm).
37 a.a.O. (Dort heißt es, »daß, da ja nicht ungestüme Hitze diese Körperteile regiert, sondern frei herrschender Wille sie in Dienst genommen hätte, wie es nötig gewesen, der männliche Same sich in den Schoß der Gattin… hätte ergießen können«), vgl. ferner: § 23, (http://www.unifr.ch/bkv/kapitel1932-22.htm), und § 24, (http://www.unifr.ch/bkv/kapitel1932-23.htm).
38 a.a.O., xiv, 20 (http://www.unifr.ch/bkv/kapitel1932-19.htm).
39 *Bekenntnisse*, a.a.O., x, 30, S. 278.
40 Augustinus, *Das Gut der Ehe*, Würzburg, Augustinus-Verlag, 1949, 15–16.
41 a.a.O., S. 4. Vgl. ferner *Bekenntnisse*, x, 30, S. 278.
42 a.a.O., S. 8.
43 ebd.

giöse Gemüter. Selbst meine Philosophen hüten sich vor ihr. Der sanfte und vorsichtige Epikur hält sie für ein Begehren, das zwar natürlich, aber nicht notwendig ist (wir können leben und sogar glücklich sein ohne das Bestreben, es zu befriedigen[44]). »Sexualverkehr sei zu nichts gut«, sagte er, »vielmehr müsse man zufrieden sein, wenn er nicht schadet.«[45] Obwohl Spinoza weniger zum Moralisieren neigt, fällt sein Urteil kaum positiver aus. Was ist die *libido* (die gewöhnlich mit »Lüsternheit« oder »Wollust« übersetzt wird)? Sie ist »eine Begierde und Liebe zu körperlicher Vereinigung«[46] (»*cupiditas et amor in commiscendis corporibus*«), anders gesagt, zum »Koitieren« *(coeundi)*.[47] Ohne sie wirklich zu verurteilen, misst Spinoza ihr in der *Ethik* keinen großen Wert bei, um es vorsichtig auszudrücken (im Gegensatz zur Keuschheit, da sich in ihr die »Macht des Gemüts«[48] manifestiere); die Ehe selbst sei unvernünftig, wenn sie nicht zunächst der Zeugung und dann der Erziehung der Kinder diene und wenn sich die Liebe zwischen Mann und Frau nicht stärker auf »Geistesfrei-

---

44 Vgl. Diogenes Laertios, *Leben und Lehre der Philosophen*, x, 6, 18 und 127–128 *(Brief an Menoikeus)*, Stuttgart, Reclam, 1998, S. 458–459, 462, 500–501. Vgl. auch die Kommentare von Marcel Conché, S. 65–67 seiner Epikur-Ausgabe (PUF, 1987).

45 Diogenes Laertios, x, 118, S. 497; und auch: »Der Weise werde auch nicht heiraten und Kinder zeugen« (a. a. O., 119, S. 497).

46 *Ethik*, III, Definition 48 der Affekte in: Baruch de Spinoza, *Werke in drei Bänden*, Bd. I, S. 186. (Alle folgenden Spinoza-Zitate sind dieser Ausgabe entnommen.) Vgl. auch die Erläuterung, ebd.

47 Erläuterung, ebd., und III, Lehrsatz 56, Anmerkung.

48 *Ethik*, III, Anmerkung zum Beweis des Lehrsatzes 56, S. 166, und Erläuterung zur Definition 48 der Affekte (»Macht des Geistes«), S. 186.

heit« der beiden Eheleute gründe als auf die Schönheit.[49] In diesem letzten Punkt stimme ich Spinoza zu. Aber das verrät uns nicht viel über die Sexualität. Wie Spinoza schon in seiner *Abhandlung über die Verbesserung des Verstandes* darlegt, wird der Geist von der Sinneslust so in Anspruch genommen, »daß er kaum noch an irgendein anderes Gut zu denken vermag«. Auf einen »Genuß dieser Art« folgt »höchste Trauer«[50]. Der erste Punkt verdient eine genauere Betrachtung; während der zweite kaum über den sattsam bekannten Gemeinplatz der postkoitalen Tristesse hinausgeht *(»Post coitum omne animal triste«)*. Da haben die Sexualität und Spinoza Besseres verdient.

Montaigne
Von der Wollust zur Trägheit

Außer Montaigne kenne ich kaum jemanden, der sich über die Sexualität äußert, wie es sich gehört: heiter, leicht, tief, frei, luzid und humorvoll. »Jedes meiner Glieder macht mich gleichermaßen zu dem, was ich bin, keins aber mehr als dieses zum Mann [oder Frau]«, erklärt er.[51] Sie unter-

---

49 *Ethik*, IV, Anhang, Hauptsatz 19 und 21, S. 261. Selbst Alexandre Matheron fällt es, trotz des Wissens und Könnens, die wir von ihm kennen, nicht ganz leicht, diesen Texten ihre relative Banalität abzusprechen: »Spinoza et la sexualité«, in: *Anthropologie et politique au XVIIe siècle*, Vrin, 1986, S. 209–230.

50 *Abhandlung über die Verbesserung des Verstandes*, § 3–4, *Werke in drei Bänden*, Bd. 3, S. 5–6.

51 *Essais*, III, 5, »über einige Verse des Vergil«, S. 165.

scheidet uns von den Göttern[52], und jedes Geschlecht von dem anderen. Die Natur hat die Männer mit »mit einem aufsässigen und tyrannischen Glied« und die Frauen »mit einem gefräßigen, unersättlichen Tier« ausgestattet, die beide »keinerlei Aufschub« dulden.[53] Warum sollten wir uns weigern, sie zu befriedigen? Jungfräulichkeit, für einen Erwachsenen unbequemer als ein Kürass; Keuschheit, das schwerste aller Gelübde[54]; Impotenz, die »mich *enormissime* geschädigt«[55] hat. Keine Spur von falscher Scham bei Montaigne:

Was hat der Geschlechtsakt, dieser so natürliche, nützliche, ja notwendige Vorgang, den Menschen eigentlich angetan, daß sie nicht ohne Scham davon zu reden wagen und ihn aus den ernsthaften und sittsamen Gesprächen verbannen? Wir haben keinerlei Hemmung, die Worte *töten*, *rauben* und *verraten* offen auszusprechen – und da sollen wir uns dieses eine bloß zwischen den Zähnen zu murmeln getraun?[56]

---

52 a.a.O., S. 150.
53 a.a.O., S. 120 (eine Anspielung auf den *Timaios* von Platon, *Werke*, Bd. 7, 91 a–d, S. 205–207).
54 a.a.O., S. 124.
55 a.a.O., S. 165. Ein »plötzliches Versagen« lasse sich gewiss durch ein Übermaß an leidenschaftlicher Liebe erklären, ein »Mißgeschick, das mir nicht fremd ist«, fügt Montaigne hinzu (I, 2, S. 22). Allerdings könne das Alter zum selben Ergebnis führen, weniger leidenschaftlich, aber hartnäckiger: Man vergleiche die schönen und melancholischen Ausführungen, die Kapitel v des Buchs III eröffnen (S. 91–96) und schließen (S. 165–180).
56 a.a.O., S. 102.

Weil die Sexualität eben doch kein Gegenstand wie jeder andere ist! Sogar Montaigne, der »ein so unverschämtes Mundwerk« hat, erweist sich als äußerst prüde, ja schüchtern in seinem Verhalten.[57] Weswegen diese »Verschämtheit«[58] oder Prüderie? Wegen seiner Erziehung? Sicherlich. Aber auch, weil diese »Körperteile oder Verrichtungen…, die niemand sehn zu lassen unsre Sitte vorschreibt«[59], in uns eine Kraft entfalten, die nicht die unsere ist, da sie uns nicht gehorcht[60], und die uns doch ganz in Anspruch nimmt. So betrachtet, ist das Geschlecht kein gewöhnliches Organ. Es besitzt die einzigartige Fähigkeit, unseren Geist ganz mit Beschlag zu belegen und ihn dadurch zu erniedrigen, was es aber nur umso faszinierender für ihn macht:

Wir essen und trinken zwar wie die Tiere; gleichwohl behindern diese Verrichtungen nicht das Schalten und Walten unseres Geistes, durch das wir unseren Vorrang ihnen gegenüber behaupten. Der Liebesakt jedoch bringt all unser Denken unter sein Joch und zwingt mit seinem unabdingbaren Herrschaftsanspruch sogar die Theologie und Philosophie Platons zu diesbezüglich rein tierischen

57 I, 3, S. 29–30, und III, 5, S. 131. Im Übrigen meint Montaigne: »Gewiß stellt die Züchtigkeit eine schöne Tugend dar«, obwohl sie sicherlich mehr der Kultur verdankt als der Natur, wie wir heute sagen (I, 23, S. 181).
58 I, 3, S. 29.
59 a. a. O., S. 29–30.
60 II, 6, S. 72: »Jeder weiß aus Erfahrung, daß es Glieder gibt, die sich oft bewegen, aufrichten und wieder legen, ohne uns vorher um Erlaubnis zu fragen. Solche Regungen, die uns nur an der Oberfläche berühren, können nicht als *unsere* bezeichnet werden.«

Betrachtungen – ohne daß er sich darüber beklagte. Bei allen sonstigen Dingen kann man einen gewissen Anstand wahrn, alle sonstigen Verrichtungen gehorchen gewissen Regeln der Ehrbarkeit; diese aber empfindet man schon in der Vorstellung als lasterhaft oder lächerlich. Probiert doch einmal, ob sie sich mit Sinn und Verstand handhaben läßt![61]

Es gibt in der Sexualität eine grundlegende Ambivalenz. Epikur sieht darin, wie ich gleich ausführen werde, Bedürfnisse (Begierden), die »natürlich, aber nicht notwendig« sind und vor denen man sich besser hüten sollte. Montaigne, der die Sentenz zitiert,[62] widerspricht ihm nicht. An anderer Stelle schreibt er: »Einerseits drängt uns die Natur hiezu, hat sie dem Geschlechtstrieb doch die edelste, nützlichste und angenehmste Aufgabe ihres Waltens zugewiesen; andererseits läßt sie es geschehn, daß wir, als wäre diese unanständig, ja schändlich, über sie erröten, ihr aus dem Wege gehn und sie verurteiln – mit der Empfehlung, sich ihrer zu enthalten.«[63] Bei Montaigne gibt es weder Prüderie noch Weltfremdheit. Da er schon früh seine Unschuld verlor,[64] ziemlich spät heiratete (mit 32 Jahren) und sich eine »ausschweifende Natur«[65] attestierte, hatte er reichlich Zeit, »ebenso unbesonnen und hemmungslos wie sonstwer

61 III, 5, S. 150.
62 II, 12, S. 216.
63 III, 5, S. 150–151.
64 III, 13, S. 475.
65 »Ausschweifende Naturen hingegen wie die meine«: III, 5, S. 109. Vgl. ferner III, 3, S. 66: »Männer, über die der Körper große Macht hat, wie bei mir.«

den Begierden, die mich gepackt hielten«, zu frönen.[66] Um
so besser weiß er um das Dunkel, die Angst, den Mangel an
Befriedigung. Er zitiert die wunderbaren Verse von Lukrez: »Denn mitten heraus aus der Quelle der reizenden An-
mut/hebt ein Bitteres sich, das ängstigt zwischen den Blü-
ten«, und fügt hinzu: »So schwingt in unsrer äußersten
Sinnenlust ein Seufzen und Klagen mit. Könnte man nicht
sagen, sie ende in den Fängen der Angst? Und wahrlich:
Wenn wir uns von ihrem Höhepunkt ein Bild zu machen
versuchen, malen wir es mit Beinamen aus, die ein Gefühl
weher Beklemmung wiedergeben: Schmachten, Schwach-
werden und Dahinschwinden, Mattigkeit und Morbi-
dezza – evidentes Zeugnis, daß Lust und Leid eines Blutes
sind und eines Wesens.«[67] Stellen wir uns einmal einen
Orgasmus im ganzen Körper und von unbegrenzter Dauer
vor: Niemand könnte ihn ertragen![68] Auch die gewöhn-
liche Lust ist – egal, wie kurz und heftig sie auch sein mag –
nicht frei von »Beschwernissen und Widrigkeiten«: »Sie
bringt... durchwachte Nächte und magere Tage mit sich,
Kummer, Schweiß und Blut, vor allem aber so vielerlei aufwühlende Leidenschaften und hernach eine so bleierne
Übersättigung, daß sie einer Kasteiung gleichkommt.«[69]
Die Sexualität ist alles andere als ein unschuldiger Zeitvertreib. Die Religionen haben vielleicht gar nicht so unrecht,

66 III, 13, S. 474.
67 II, 20, S. 517. Das Lukrez-Zitat stammt aus *De rerum natura*, IV, 1133–
1134, und ist der Übersetzung von Karl Büchner entnommen: *De rerum natura. Welt aus Atomen*, Stuttgart, Reclam, 1973, S. 339.
68 *Essais*, II, 20, S. 519.
69 I, 20, S. 127.

wenn sie ihr misstrauen.[70] Desgleichen die vielen Völker, die ihre Ausübung verbergen.[71] Das ist kein Grund, sie zu verurteilen (»Machen wir uns aber nicht zu Tieren, wenn wir den Akt tierisch nennen, der uns hervorbringt?... Was für ein Ungeheuer ist doch ein Tier, das vor sich selbst erschrickt, dem seine Lust zur Last wird und das sich für eine Mißgeburt hält!«[72]) oder gar, sie sich zu verbieten (vielmehr bemühte sich der alternde Montaigne, sie wiederzuerwecken[73]). Er versuchte, Klarheit zu schaffen.

Was ist Sexualität? Zunächst einmal eine biologische, wenn nicht gar physiologische Funktion. Wenn wir uns aufs Wesentliche beschränken, scheint es, »daß die Liebe letzten Endes nichts anderes ist als das Dürsten nach dem Genuß eines begehrten Menschen und die von Venus verkörperte Sinnenlust uns Männern nichts anderes als das Wonnegefühl beim Entleeren der Hoden... Wahl- und maßlos betrieben aber wird die Liebe zum Laster.«[74]

Nichts, was natürlicher wäre. Aber auch nichts, wie Montaigne gleichfalls sagte, was für Tier und Mensch wichtiger wäre: »Die Bewegung der ganzen Welt läuft auf die Paarung hinaus. Alles ist von der Begierde danach durch-

---

70 III, 5, S. 151.
71 ebd. Vgl. auch II, 12, S. 234.
72 a.a.O., III, 5, S. 151 und 152.
73 Vgl. beispielsweise a.a.O., S. 91–92.
74 a.a.O., S. 149. Diese Lust liegt den Frauen ebenso, wenn nicht mehr, als den Männern: Sie sind darin »unvergleichlich fähiger und feuriger« als diese (a.a.O., S. 112). Später heißt es dann, »daß Mann und Frau aus ein und demselben Lehm geknetet sind; wenn man von Erziehung und Brauch absieht, besteht jedenfalls kein großer Unterschied zwischen ihnen« (III, 5, S. 180). Daher sei es viel leichter, »das eine Geschlecht anzuklagen, als das andere freizusprechen« (ebd.).

drungen.«[75] Keine Lust, die für den Körper stärker wäre.[76] Kein Begehren, das für Männer und Frauen unabweisbarer[77], brennender[78] oder, zumindest in der Jugend, schwerer zu unterdrücken wäre. »Amor ist ein durchtriebner Gott. Er macht sich ein Spiel daraus, gegen Frömmigkeit und Gerechtigkeitssinn anzukämpfen; seine Brust schwellt es, daß seine Macht jede andre aus dem Felde schlägt und daß alle andern Regeln den seinen weichen müssen.«[79] Eros ist ein barbarischer und tyrannischer Gott. Was für ein Kontrast also zu den Ansprüchen unserer Zivilisation! Die Sexualität verschlägt uns die Sprache. Montaigne bereitet es sichtliches Vergnügen, dies in einer wunderbar einfallsreichen und wohllautenden Sprache darzulegen. Es handelt sich um einen der schönsten Texte über die Sexualität, die ich kenne:

Für Sokrates ist sie der von der Schönheit ausgelöste Fortpflanzungstrieb [ein Verweis auf Platons *Gastmahl*, 204–208, S. 320–339]. Wenn ich mir immer wieder den lächerlichen Kitzel dieser Sinnenlust betrachte, die ab-

---

75 a.a.O., S. 117. Hier hält sich Montaigne an Lukrez: vgl. die bekannte »Hymne an Venus«, Buch eins *De rerum natura* (woraus Montaigne übrigens gern zitiert, beispielsweise, a.a.O., S. 103 und 141).

76 Obwohl Montaigne gerne aß und trank, sah er in der Sexualität »die einzigen wahren Genüsse des leiblichen Daseins… im Vergleich zu denen die anderen Lüste Schlafmützen sind«: II, 2, S. 27. Im Übrigen wird die außergewöhnliche Kraft der sexuellen Lust und Begierde von den meisten Philosophen bestätigt, angefangen bei Platon: vgl. etwa *Der Staat*, III, 403 a, Bd. 4, S. 233, und *Gesetze*, VI, 783 a, Bd. 8/1, S. 427.

77 *Essais*, III, 5, S. 114.

78 a.a.O., S. 131.

79 a.a.O., S. 139.

sonderlichen und hirnverbrannten, ja völlig blinden Ge-
fühlsregungen, die sie in Zenon und Kratipos aufwühlte,
diese hemmungslose Raserei, dieses beim lieblichsten
Werk der Liebe vom Furor der Grausamkeit durchglühte
Gesicht, dann dieses inmitten solch ausgelaßnen Tuns
auf einmal völlig entrückte, todernste Sichanstarrn; und
wenn ich weiter bedenke, daß die Organe unserer Won-
nen mit denen unsres Unrats wahllos nebeneinander un-
tergebracht sind und die höchste Wollust gleich dem
Schmerz von Klagelauten und Ohnmachtsängsten begleitet ist – wenn ich all das betrachte und bedenke, dann
glaube ich, daß Platon mit seiner Bemerkung recht hat,
der Mensch sei ein Spielzeug der Götter... und daß die
Natur aus schierer Spottsucht uns das aufwühlendste
Tun als unser gewöhnlichstes vermacht hat, um uns alle
gleichzusetzen und Narren wie Weise, Menschen wie
Tiere auf eine Stufe zu stellen.[80]

Die Sexualität als narzisstische Kränkung: Sie demütigt
Willen und Vernunft.[81] Das trifft in besonderem Maße für
die Männer zu, die nicht nur der Heftigkeit ihres Begehrens

---

80 a.a.O., S. 149.
81 a.a.O., S. 149–150. Das ist eine Feststellung, die man auch bei Augustinus findet (*Gottesstaat*, XIV, 16, (http://www.unifr.ch/bkv/kapi-
tel1932-15.htm) und Thomas von Aquin (*Summe der Theologie*, III,
151, Untersuchung, Artikel 3, Stuttgart, Kröner, 1985, S. 497). Bereits
Aristoteles merkt zur sexuellen Lust an: »Die Lust ist ein Hindernis
für das klare Denken... z.B. beim Liebesgenuss, wo jemand kaum
eines Gedankens fähig ist, während er ihm hingegeben ist« (*Nikoma-
chische Ethik*, VII, 12, 1152b, Darmstadt, Wissenschaftliche Buchge-
sellschaft, 1974, S. 162).

ausgesetzt sind – was für die Frauen ebenso gilt –, sondern auch dem »häufigen Ungehorsam dieses Glieds… das sich die Freiheit herausnimmt, gerade dann sich schamlos vorzudrängen, wenn wir keinen Gebrauch dafür haben, und ebenso schamlos zu erschlaffen, wenn wir es am nötigsten brauchen; so macht es herrisch unserm Willen die Herrschaft streitig und weist voller Trotz und Eigensinn all unsre mentalen und manuellen Beschwörungen ungerührt zurück«.[82] Das treffe zwar auch auf andere, weniger Lust spendende Organe zu, wie Montaigne sogleich hinzufügt, könne aber nicht »Annehmlichkeit und Wichtigkeit«[83] des Gebrauchs jenes Körperteils schmälern, dem Montaigne, soweit es ihn selbst betrifft, den hübschen Namen »mein Herr Mandant« gibt.[84] Dessen ungeachtet hat die Natur es so gefügt, dass die Frauen »ständig können, wir aber nur selten und ohne Verlaß«[85]. Auch das Alter, so der Fünfzigjährige, trage kaum zu einer Verbesserung der Situation bei.[86]

Das ist noch nicht alles. In den *Essais* finden wir auch eine Vorwegnahme dessen, was Freud »das Nirwanaprin-

---

82 *Essais*, I, 21, S. 156.
83 ebd.
84 a. a. O., I, 21, S. 158.
85 III, 5, S. 161. Daher sei es nur gerecht, so die Schlussfolgerung Montaignes, dass der Mann die Initiative ergreife (ebd.).
86 III, 5, S. 91–96 und 164–179. Das Kapitel »Über einige Verse des Vergil« entstand um 1586: Montaigne war 53 Jahre alt, was damals und vor allem für einen Mann von angegriffener Gesundheit (unter anderem litt er an der »Steinkrankheit«, das heißt, an wiederholten Nierenkoliken) keineswegs in der Blüte seiner Jahre hieß. Montaigne liebte den Sex und die jungen Frauen viel zu sehr, um nicht der Meinung zu sein, dass die Natur uns im Alter ungerecht und unhöflich behandle: Sie hätte sich damit begnügen sollen, »das Alter zur Qual zu machen, ohne es auch noch der Lächerlichkeit preiszugeben« (S. 164).

zip« nennt, »eines unserer stärksten Motive, an die Existenz von Todestrieben zu glauben«.[87] Für den Wiener Arzt ist das Begehren eine »unlustvolle Spannung«[88], die nach Entspannung und Beruhigung strebt, nach Rückkehr in den vorhergehenden Zustand, also nach Aufhebung seiner selbst – nach dem Tod oder dem Nirwana. Montaigne, der das Wort »Nirwana« nicht kannte und sich wohl kaum zum Tod hingezogen fühlte, spricht eher von Trägheit oder Ruhe. Das ist seine epikuräische Seite: »Unser Wohlsein ist nichts anderes als die Abwesenheit von Unwohlsein. Daher führte die Philosophenschule, die der Sinnenlust den obersten Rang zuwies, sie gleichwohl allein auf die Freiheit von Schmerz zurück. Nicht zu leiden heißt das größte Gut haben, das der Mensch sich erhoffen kann.«[89] Das nennt Epikur die Lust im Ruhezustand (jene, die sexuell auf den Orgasmus folgt). Was nicht heißt, dass es nicht auch eine Lust in Bewegung gibt, die zwar lebhafter ist, aber – daher ist sie in Bewegung – nach Beruhigung ihrer selbst strebt. Ein Beispiel dafür sieht Montaigne in der »überstürzten und flüchtigen Wollust«[90] der Ejakulation:

Denn selbst der Kitzel, der uns bei gewissen Vergnügungen anzustacheln und über die bloße Schmerzfreiheit und Gesundheit emporzuheben scheint, selbst diese zu-

---

87 Freud, »Jenseits des Lustprinzips«, *Gesammelte Werke* (18 Bände), London, Imago, 1940–1952 [fortan zitiert als *G. W.*], Bd. 13, S. 60.
88 Freud a. a. O., S. 3.
89 *Essais*, II, 12, S. 248.
90 III, 5, S. 155. Das gelte, schreibt Montaigne, »namentlich für Naturen wie die meine, deren Fehler das Ungestüm ist« (ebd.).

packende, erregende und, wie soll ich sagen, brennende, beißende Wollust hat kein anderes Ziel als ebendie Freiheit von Schmerz. Der Heißhunger, der uns in die Arme der Frauen treibt, sucht also nur die Qual loszuwerden, die uns das glühende, rasende Verlangen bereitet; sie allein will er lindern, um zur Ruhe zu finden und von diesem Fieber befreit zu sein.[91]

Das Trägheitsprinzip ist für Montaigne alles andere als beklagenswert. Es gibt eine Weisheit des Körpers (»daß die Einfalt, wenn sie uns zur Leidensfreiheit führt, uns in einen angesichts unsrer Beschaffenheit höchst glücklichen Zustand versetzt«[92]), und unter diesem Gesichtspunkt ist das sexuelle Verlangen oft weiser als die leidenschaftliche Liebe, die jenes begleiten oder aus ihm erwachsen kann, aber dessen Befriedigung selten überdauert. Damit gibt er Platon und, im Vorgriff, Schopenhauer recht. Leidenschaftlich lieben wir nur, was uns fehlt; was nicht mehr fehlt, langweilt uns. Die Liebe ist nur »nach ebendem, was uns flieht... ein irrsinniges Verlangen... Sobald sie aber das Reich der Freundschaft betritt, des Harmonisierens zweier Willen, büßt sie alle Kraft ein und schwindet dahin. Der Vollzug ist ihr Ende, weil sie auf die Körper zielt und so der Sättigung unterliegt.«[93] Die Leidenschaft lebt von der Abwesenheit, die Paarbeziehung von der Anwesenheit. Wie können die beiden dauerhaft koexistieren?

91 II, 12, S. 248.
92 ebd.
93 I, 28, S. 289. Wobei wahre Freundschaft eine Ausnahme ist – was für die Paarbeziehung möglicherweise eine Chance ist.

Sollen wir also, wie Lukrez meinte, den Liebesakt ohne Liebe vollziehen?[94] Auf keinen Fall: »Die Vorstellung entsetzt mich, daß ich einen Körper als mir gehörend umarmen könnte, der ohne Seelenregung ist«, heißt es bei Montaigne. »Ebenso, behaupte ich, liebt man nur einen Körper ohne Seele und Gefühl, wenn es einem am eignen Wunsch und Willen fehlt.«[95] Vergewaltigung ekelt ihn an.[96] Zügellosigkeit findet er wenig verlockend. Der Liebesakt »ohne Zuneigung und gefühlsmäßige Bindung ... wie ein Schauspieler«, davon wird man »nichts erhoffen können, was eine edle Seele zu berühren, geschweige zu befriedigen vermöchte«[97]. Selbst die fleischliche Liebe braucht »Gegenseitigkeit«. Alleine den Höhepunkt erreichen? Ein unvollkommenes Lusterlebnis: Denn die Lust, die ich spende, »umschmeichelt ... mein Empfinden in Wahrheit noch süßer als ... die mir gespendete«[98]. Lust empfangen, ohne welche zu geben? Nur eine »niedrige Seele« könnte sich damit zufriedengeben.[99] Sie aus Mitleid zu schenken? Das wäre denkbar, aber Montaigne kann auch diesem Gedanken nichts abgewinnen: Dann »möchte ich tausendmal lieber gar nicht als von Almosen leben«[100]. Nur geteilte Lust

---

94 *De rerum natura*, IV, 1058–1075 (Montaigne bezieht sich ausdrücklich auf diese Passage, vgl. III, 4, S. 835). Zur Liebe und Sexualität bei Lukrez vgl. mein Buch *Le Miel et l'Absinthe. Poésie et philosophie chez Lucrèce*, Hermann, 2008, Nachdr.: Le Livre de Poche, 2010, Kap. VI (»La Venus vagabonde«).
95 *Essais*, III, 5, S. 157–158.
96 Vgl. beispielsweise II, 3, S. 44–45.
97 III, 3, S. 67.
98 III, 5, S. 175–176.
99 ebd.
100 ebd.

und gegenseitige Liebe verleihen der Sexualität ihren höchsten oder, was auf dasselbe hinausläuft, menschlichsten Wert. Die Ehe ist der Sexualität nicht unbedingt zuträglich (wie seine Zeitgenossen glaubte Montaigne nicht recht an die Liebesheirat[101]), aber noch weniger die Gleichgültigkeit oder die Lüge.[102] Unser Edelmann ist das Gegenteil eines Sade oder selbst eines Don Juan. »Ausschweifungen« mögen noch hingehen, aber »Undank oder Wortbruch... Niedertracht oder Grausamkeit nie und nimmer«[103].

Die Sexualität berührt unseren Geist mindestens genauso wie die Physiologie. Dadurch berührt sie die Unend-

---

101 Vgl. beispielsweise I, 28, S. 290–291, und III, 5, S. 105–113. Zu einer historischen Untersuchung dieser Frage vgl. J.-L. Flandrin, *Le Sexe et l'Occident, Évolution des attitudes et des comportements*, Seuil, 1981, Nachdr.: Points-Histoire, 1986. Zu einer philosophischen Perspektive vgl. das schöne Buch von Luc Ferry, *La Révolution de l'amour*, Plon, 2010, besonders die Seiten 98 bis 152.

102 *Essais*, III, 5, S. 155–159.

103 a. a. O., S. 170. Um sich von der tiefen Niedergeschlagenheit zu heilen, in die ihn der Tod von La Boétie gestürzt hatte, beschloss Montaigne, sich »nach allen Regeln der Kunst zu verlieben – wobei mir mein ... Alter zu Hilfe kam« (er war dreißig Jahre alt), was sich tatsächlich als wirksam erwies: die »starke Ablenkung« der Liebe »verschaffte mir ... Erleichterung und entriß mich dem Schmerz, in den mich der Verlust meines Freundes gestürzt hatte« (III, 4, S. 83). Indessen war das eher eine List (ihm selbst gegenüber) als eine Lüge (anderen gegenüber). Montaigne denkt, dass er bei den Frauen, die er liebte oder begehrte, »mehr gehalten als versprochen« hat: »Denn ich täuschte den Frauen nie mehr Liebe vor, als ich tatsächlich empfand, sondern gab ihnen offen und ehrlich deren Aufkeimen, Erblühn und Dahinwelken zu erkennen, Flut und Ebbe. Man geht ja nicht immer mit gleichem Schwung zu Werk ... Wenn ich ihnen je Grund gab, sich über mich zu beklagen, dann allenfalls darin, daß ich beim Lieben im Vergleich zum heutigen Brauch auf einfältige Weise gewissenhaft vorging. Ich habe mein Wort selbst da gehalten, wo ich leicht hiervon entbunden worden wäre.« (III, 5, S. 168–169).

lichkeit, jedenfalls strebt sie danach, natürlich ohne sie zu erreichen: »Schließlich ergreift diese Leidenschaft mehr als den Körper; und wenn Habgier und Ehrgeiz schon unersättlich sind, dann ist es die Geilheit erst recht: Sie überlebt ihre eigene Sättigung. Weder eine dauerhafte Befriedigung noch ein Ende läßt sie sich vorschreiben, denn stets will sie mehr, als sie hat.«[104] Logik des Begehrens, nicht des Bedürfnisses. Der Einbildung, nicht der Wirklichkeit. Darin liegt eine Schwäche, die mehr dem Geist als dem Körper zuzuschreiben ist. Was möglicherweise erklärt, warum »die gröbsten und grobschlächtigsten Männer beim Liebeswerk am ausdauerndsten und begehrtesten sind und ein Maultiertreiber im Bett oft willkommener ist als ein Mann von feiner Lebensart«[105]. Woher kommt das, so fragt Montaigne, »wenn nicht daher, daß bei diesem die Bewegtheit der Seele seine Körperkraft beeinträchtigt, erschlaffen lässt und lahmlegt?«[106]. Die Sexualität als Demutsübung für Intellektuelle... Gleichwohl gibt es nichts »rein Körperliches und nichts rein Geistiges in uns...«, weshalb wir »daher einen lebendigen Menschen zu Unrecht auseinanderreißen«. Unsere körperlichen Lusterlebnisse erhalten ihren Wert – selbst wenn sie physisch sind – allein vom Geist, der sie beurteilt. »Teures Fleisch mundet am besten«[107]; wie der Beischlaf nach Verführung.[108] Bei Montaigne gibt es weder Romantik noch Zynismus (in der alltäglichen Bedeutung

104 III, 5, S. 162.
105 II, 12, S. 246.
106 ebd.
107 III, 5, S. 156.
108 a.a.O., S. 154–155.

des Wortes). Die Liebe ist »eine Leidenschaft, die sehr wenig Wesentlichem sehr viel Eitelkeit und leeres Wähnen beimischt. Dementsprechend sollte man ihr zu Diensten sein.«[109] Philosophen, die sie verdammen, sind zu streng oder unmenschlich.[110] Diese »fröhliche und springlebendige Gefühlsregung« wird »[a]llein Toren… gefährlich« und ist allemal mehr wert als »schales und schläfriges Nichtstun« oder »ein anstrengendes und dorniges Tun«[111]. Sex ohne Liebe? Das ist nur ein »tumbes Vergnügen«[112], das einen Mann mit Herz und Verstand nicht befriedigen kann. »Entleeren der Hoden«? Eine sehr heftige und kurze Lust, die ihren Wert vor allem dem verdankt, was ihr die »Phantasie«[113] hinzufügt und die Zeit, die man sich nimmt.[114] Erotik der Langsamkeit: »Wenn man mich fragte, was in der Liebe die erste Rolle spiele, würde ich antworten«, sich Zeit nehmen zu können; »und dies spielt auch die zweite Rolle und die dritte.«[115] Alles hängt davon ab.

Montaigne verweist auch nachdrücklich auf die Erotik der Einbildung, Phantasie, Träumerei. Damit befindet er sich im Gegensatz zu Marc Aurel. Letzterer empfahl seinem Leser, sich seines Vorstellungsvermögens zu bedienen, um die Sexualität auf ihr Normalmaß zu reduzieren: Er solle sich vergegenwärtigen, dass der geschlechtliche Umgang »die Reibung eines Eingeweides und Ausscheidung

109 a.a.O., S. 155.
110 a.a.O., S. 173.
111 a.a.O., S. 170–171.
112 a.a.O., S. 139.
113 ebd.
114 a.a.O., S. 130.
115 ebd.

46

von Schleim, mit Zuckungen verbunden« sei.[116] Er riet also
zum Gebrauch der Vorstellung statt der Einbildung, um
die Wirklichkeit auf ihre einfachste, neutralste Form zu-
rückzuführen: Der Leser solle, wo ihm »Dinge in noch so
beifallswürdiger Gestalt vorgespiegelt werden, sie entlar-
ven, ihren Unwert sich anschaulich machen und ihnen die
schimmernde Einkleidung, womit sie sich brüsten, nehmen«[117]. Montaigne dagegen will die Vorstellung verwenden, um die Bedeutung und die Freuden des Fleisches zu
vermehren, das dessen sehr wohl bedarf. Die Empfehlun-
gen der Stoiker sind ihm zu streng, vor allem bei zuneh-
mendem Alter: Besser ist es, den Körper »nach allen Regeln
der Kunst zu erwärmen und zu kräftigen, um ihm mit Hilfe
der Phantasie wieder zu... Appetit und... Munterkeit zu
verhelfen«[118]. Das Fleisch ist trostlos, wenn es nichts als
Fleisch ist. Daher darf man die »Seele« ihm gegenüber nicht
»abkühlen«: Sie hat vielmehr die Aufgabe, auf die körperlichen Freuden »zuzugehn und ihre Dienste anzubieten, sie
unter ihre warmen Fittiche zu nehmen..., daß sie ihm süß
und heilsam seien«[119]. Nicht Askese brauchen wir, sondern
eine Kunst des Genusses, der keine Wonne genügt. »Wer
nur Genuß am Genuß findet«, hat keine Ahnung.[120] Die
körperliche Liebe ist wie »Schweinefleisch, das allein durch
die Soßen unterschiedlich schmeckt«[121]. Kunst und Fertig-

116 Marc Aurel, *Selbstbetrachtungen*, VI, 13, Stuttgart, Reclam, 1949,
    S. 77.
117 ebd.
118 *Essais*, III, 5, S. 173.
119 a.a.O., S. 174.
120 a.a.O., S. 155.
121 a.a.O., S. 139.

keit sind mindestens genauso wichtig wie das Ingrediens. Sagen wir, die Erotik beginnt, wo die Physiologie aufhört: sofern es nicht nur um das »Entleeren der Hoden« geht... Zum wirklichen Genuss wird sexuelle Lust nur, wenn die Seele beteiligt ist, aber dann ist sie auch unvergleichlich. Montaigne, der sagt: »Ich kenne außer der Liebe keine Leidenschaft, die mich noch in Atem halten könnte«[122], zieht es vor, seiner »Fleischeslust«[123] Genüge zu tun, statt sie zu bekämpfen. Die Freuden des Fleisches sind angenehmer als der Umgang mit »quälenden Gedanken« und »schwarzgalligen Kümmernissen«[124].

Schopenhauer
oder die List der Sexualität

Verzeihen Sie mir, dass ich bei Montaigne so ausführlich verweilt habe. Das war nicht meine Absicht. Ursprünglich wollte ich nur nebenbei auf Epikur, Spinoza und Montaigne eingehen, weil sie meine Mentoren für das Denken und das Leben sind, um dann rasch auf Schopenhauer zu kommen, der in der Sexualität den eigentlichen Ausdruck des Willens zum Leben sieht, kurz auf Feuerbach zu sprechen kommen, für den die Geschlechterdifferenz der Ursprung sowohl der Liebe wie der Moral ist, auf Nietzsche, der über den Krieg der Geschlechter theoretisiert, um ohne Rücksicht auf die Chronologie bei Kant zu enden, den man

122 III, 5, S. 174.
123 a.a.O., S. 154.
124 a.a.O., S. 174.

bei diesem Thema eher nicht erwartet, der es aber auf seine Art erhellt: wie mit Schwarzlicht. Dann habe ich die *Essais* aufgeschlagen, vor allem das grandiose Kapitel »Über einige Verse des Vergil«, und mich wieder gefangen nehmen lassen von der unerhörten Schönheit dieser Sprache, ihrer Geschmeidigkeit, Deftigkeit, Findigkeit, und von der unvergleichlichen Freiheit dieses Geistes. Gerne hätte ich mit ihm aufgehört; aber damit wäre ich Montaignes Auffassung nicht gerecht geworden, der in der Philosophie wie im Leben die Pluralität über alles schätzte und niemals glaubte, dass ein einziger Standpunkt – selbst der seine nicht – genügen könnte.

Doch kommen wir zu Schopenhauer. Wenige Philosophen haben der Sexualität so viel Bedeutung beigemessen. Die Geschlechtsorgane, so erklärt er, seien für den Willen das, was das Gehirn für die Intelligenz sei, so dass »das Genitalsystem Eins mit der heftigsten aller Begierden« sei, daher nennt er es »den Brennpunkt des Willens«[125]. Das ist der Wille zum Leben im Rohzustand. Der Wille in jedem Menschen ist »gleichsam die Paraphrase des Leibes«: Der Wille liefert »die Erläuterung« des Grundthemas, das der Leib ihm vorgibt – »die Befriedigung der Bedürfnisse«[126]. Doch wonach trachten diese Bedürfnisse? Im Wesentlichen nach zwei Zielen: »Erhaltung des Individuums und Fortpflanzung des Geschlechts«.[127] Das sind zwei Bekundun-

---

125 Arthur Schopenhauer, Zürcher Ausgabe, Werke in zehn Bänden, *Die Welt als Wille und Vorstellung, Ergänzungen zum Dritten Buch*, Bd. IV, Kapitel 31, S. 467; vgl. ferner a. a. O., Bd. III, S. 277.
126 a. a. O., IV, 60, S. 408.
127 ebd.

gen des Willens zum Leben, jene rein individuell und ge-
schlossen infolge des Todes, diese kollektiv und offen, weil
auf die unendliche Fortdauer der Menschheit gerichtet.
Deshalb ist die Scham, wie unser Pessimist in vollkomme-
nem Ernst erklärt, die legitime Begleiterin des »Zeugungs-
geschäft[s]«: Denn durch die Bejahung des Lebens verlängert es endlos »Leiden und Tod«, die untrennbar mit ihm
verknüpft sind.[128] Das ist die eigentliche Bedeutung des
Sündenfalls: Gewiss besteht er in der »Befriedigung der
Geschlechtslust«, doch ein Vergehen ist er nur, weil sie die
unerträgliche Qual der Existenz verlängert.[129] Recht hat die
Kirche, wenn sie darin die »Erbsünde« sieht, deren wir alle
schuldig sind: In der Sexualität manifestiert sich bei uns
allen das (laut Schopenhauer schuldhafte) Verlangen, die
Existenz der Art zu verlängern und, soweit es uns betrifft,
den unendlichen Zyklus des Leidens und des Todes... Da
erstaunt es nicht, dass der »Geschlechtstrieb«[130] so heftig
ist! Das Überleben jeder Art steht auf dem Spiel, so dass die

128 a.a.O., S. 410. Seltsamerweise ist das ein Gedanke, der sich, wenn
auch nur als Hypothese, schon bei Montaigne findet, *Essais*, III, 5,
S. 151: »Doch vielleicht haben wir sogar recht, wenn wir diese Ver-
richtung schändlich nennen und wenn wir die dazu benutzten Organe als Schamteile bezeichnen.« Einige Jahre später las er diese Passage noch einmal in seinem eigenen Exemplar der dritten Ausgabe
der *Essais* (dem sogenannten Bordeaux-Exemplar) und hatte wohl
den Eindruck, seine Worte seien seinen Gedanken davongeeilt, weshalb er, auf die Sechzig zugehend, in Klammern scherzhaft hinzu-
fügte: »Die meinen sind zur Zeit wirklich in einem schändlichen
und erbärmlichen Zustand.« (ebd.) Wenn ich ihn recht verstehe, soll
das wohl heißen, dass diese Organe, wenn kein Anlass zur Klage
besteht, zu Unrecht als »Scham«-Teile bezeichnet werden.
129 *Werke*, Bd. II, S. 410–411.
130 a.a.O., S. 412.

Natur, deren Wesen sich in dem blinden Willen zum Leben erschöpft, »mit aller ihrer Kraft den Menschen, wie das Thier, zur Fortpflanzung«[131] treibt. Daher »der rege Eifer und der tiefe Ernst«[132], mit welchem sich jeder dieser Angelegenheit widmet. Die Art siegt über das Individuum. Daher ist das sexuelle Begehren das stärkste aller Verlangen: Es ist »der Wunsch, welcher selbst das Wesen des Menschen ausmacht«[133], »der höchste Ausdruck des Willens zum Leben«[134], »der unsichtbare Mittelpunkt alles Thuns und Treibens«[135], und so können wir in ihm »den eigentlichen und erblichen Herrn der Welt« sehen.[136] Was ist der Mensch? Ein »konkreter Geschlechtstrieb«[137].

Aber wozu dann die Liebe? Die Sexualität könnte doch genügen… Keineswegs, wie er in Kapitel 44 der *Ergänzungen* erklärt, der »Metaphysik der Geschlechtsliebe«. Die Ausgangsidee ist die gleiche: Die Liebesleidenschaft ist wie die Sexualität nur eine List der Natur, um die Erhaltung und Fortpflanzung der Art zu gewährleisten. Im Übrigen sind Leidenschaft und Trieb unauflöslich. Bei Schopenhauer gibt es, lange vor Freud, schon eine Art Pansexualis-

---

131 a.a.O., S. 412.
132 a.a.O., *Ergänzungen zum Vierten Buch*, Kapitel 42 (»Leben der Gattung«), S. 598.
133 a.a.O., S. 600. Wahrscheinlich ist das eine Anspielung auf Spinoza (»Begierde ist des Menschen Essenz selbst«, *Ethik*, III, Definition 1 der Affekte, S. 171).
134 a.a.O., S. 599.
135 a.a.O., S. 601.
136 a.a.O., S. 600. Zu Recht rückt Schopenhauer diese Ausführungen in die Nähe der »schönen Apostrophe«, mit der Lukrez sein Werk *De rerum natura* eröffnet, der bekannten Hymne an Venus.
137 a.a.O., S. 601.

mus: »Denn alle Verliebtheit, wie ätherisch sie sich gebärden mag, wurzelt allein im Geschlechtstriebe, ja, ist durchaus nur ein näher bestimmter, specialisierter, wohl gar im strengsten Sinn individualisierter Geschlechtstrieb.«[138] Daher kann die Liebe ihren »nachtheiligen Einfluß«[139] bei allen – vielleicht mit Ausnahme der Greise – entfalten. Der Wille zum Leben hält uns zum Besten, aber etwas Wichtiges steht dabei auf dem Spiel: »Das nämlich, was dadurch entschieden wird, ist nichts Geringeres als die Zusammensetzung der nächsten Generation!«[140] Die Liebe ergänzt den reinen Sexualtrieb, indem sie ein bestimmtes Objekt wählt, wobei die wahren Beweggründe dieser Wahl unbewusst bleiben. Dabei geht es weniger um die »Existentia« der Art (wir müssen nicht verliebt sein, um ein Kind zu machen) als um die »Essentia« oder den Inhalt der Wahl (da die Liebeswahl über die Geburt dieses bestimmten Kindes entscheidet, das nur diesem besonderen Paar geboren werden konnte).[141] Das ist die Funktion der Liebe: Als eine Falle der Natur stiftet sie die Verbindungen, die für die Art am günstigsten sind. Das Leben braucht dieses »Stratagem« (Kriegslist), erläutert Schopenhauer, nicht um die »Quantität« der künftigen Generation zu sichern (dafür genügt die Sexualität), sondern um für die »Qualität« zu sorgen (die eine Wahl voraussetzt).[142] Eine »gegenseitige, entschiedene

---

138 a. a. O., *Ergänzungen zum Vierten Buch*, Kapitel 44, S. 624.
139 ebd.
140 a. a. O., S. 625.
141 ebd.
142 a. a. O., S. 626–643. Es ließe sich zu Recht einwenden, dass das nicht für homosexuelle Beziehungen gelten könnte. Schopenhauer sieht das zwar, aber lässt sich davon nicht beirren. Nicht er irrt sich, son-

und beharrliche Abneigung zwischen einem Mann und einem Mädchen« zeigt an, dass sie nur ein missgebildetes Kind zeugen können.[143] Umgekehrt beweist eine große Leidenschaft keineswegs, dass die beiden Liebenden für ein gemeinsames Leben geschaffen sind, das ist nicht das Problem der Natur, sondern dass sie alles haben, um zusammen schöne Kinder zu zeugen (aus der Sicht der Art, das heißt, Kinder, die selbst beste Voraussetzungen zur Fortpflanzung besitzen). Die Liebe ist ein Selektionsvorteil, würde ein Darwinist sagen, der sich aber nur für die Gruppe und nicht für das Individuum auszahlt. Deshalb spielen Alter, Gesundheit und Schönheit die wichtigste Rolle bei unseren Liebesentscheidungen (obwohl der Instinkt für uns wählt): Die Art kommt auf ihre Kosten, auf die Gefahr hin, dafür das Individuum zu opfern – das sehr häufig glücklicher wäre, wenn seine Wahl auf jemand anders gefallen wäre! Daher die Heftigkeit der Leidenschaft (die Interessen der Art, der Natur, setzen sich gegenüber denen des Individuums durch) und ihre Vergänglichkeit, sobald sie ihren Zweck erfüllt hat, den die Liebenden verfolgten, ohne es zu wissen. Das ist der Augenblick des Entliebens:

dern der Instinkt der Homosexuellen: »[D]er die Auswahl zur Geschlechtsbefriedigung instinktiv leitende Schönheitssinn wird irregeführt, wenn er in Hang zur Päderastie ausartet, dem analog, wie die Schmeißfliege (*Musca vomitaria*), statt ihre Eier, ihrem Instinkt gemäß, in faulendes Fleisch zu legen, sie in die Blüthe des *Arum dracunculus* [Aronsstabs] legt, verleitet durch den kadaverosen [Leichen-]Geruch dieser Pflanze« (a. a. O., S. 634.)

143 a. a. O., S. 627.

Weil nämlich die Leidenschaft auf einem Wahn beruhte, der Das, was nur für die Gattung Werth hat, vorspiegelte als für das Individuum werthvoll, muß, nach erlangtem Zwecke der Gattung, die Täuschung verschwinden. Der Geist der Gattung, welcher das Individuum in Besitz genommen hatte, läßt es wieder frei. Von ihm verlassen fällt es zurück in seine ursprüngliche Beschränkung und Armuth, und sieht mit Verwunderung, daß nach so hohem, heroischen und unendlichen Streben für seinen Genuß nichts abgefallen ist, als was jede Geschlechtsbefriedigung leistet: es findet sich, wider Erwarten, nicht glücklicher als zuvor. Es merkt, daß es der Betrogene des Willens der Gattung gewesen ist.[144]

Was sagen uns diese Spekulationen? Zunächst einmal, wie wichtig die Sexualität ist, was trivial zu sein scheint (die Antike war sich dessen sehr wohl bewusst), aber Schopenhauer hat als einer der ersten Philosophen die entscheidenden Aspekte hervorgehoben: Sie ist von zentraler Bedeutung (als »Brennpunkt des Willens«), umfassend (als »der unsichtbare Mittelpunkt alles Thuns und Treibens«[145]) und weitgehend unbewusst (in der Festlegung ihrer Objekte). Und dann einen Punkt, den Schopenhauer sicherlich nicht erfunden und Darwin bewiesen hat[146]: Aus biologischer

144 a.a.O., S. 612.
145 a.a.O., S. 601.
146 Die beiden großen Werke Darwins *Über die Entstehung der Arten* und *Die Abstammung des Menschen und die geschlechtliche Zuchtwahl* sind in England 1859 beziehungsweise 1871 erschienen; Schopenhauer starb 1860. Möglicherweise hat also der Deutsche den Engländer beeinflusst, nicht umgekehrt.

Sicht dient die Sexualität der Art und nicht dem Individuum; künftigen Generationen und nicht der gegenwärtigen; den Genen, wie man heute sagen würde, und nicht dem Glück. Das rechtfertigt, zumindest teilweise, den Pessimismus in Schopenhauers Denken. Die Natur kümmert sich nicht um unser Glück, selbst unsere Lust ist ihr gleichgültig (sie ist nur dann von Bedeutung, wenn sie zu gering ist, um uns zur Fortpflanzung zu motivieren). So ist das. Kein Grund, um auf das Glück zu verzichten, oder die Lust oder die Liebe.

Das setzt Schopenhauer ins Unrecht, auch wenn er in seiner Diagnose teilweise recht haben mag. Natürlich ist Tragik (Scheitern, Leiden, Unmöglichkeit) in der Sexualität, aber darin liegt eher eine Widerlegung des Nihilismus. Wenn nichts Wert oder Bedeutung hätte, gäbe es auch keine Tragik mehr. Endlichkeit? Einsamkeit? Tod? Lediglich Fakten, so unbedeutend wie alle anderen: Tragisch werden sie nur durch das Begehren in uns, das sie brüskieren oder verletzen. Die Endlichkeit ist nur durch das unendliche Begehren tragisch. Die Einsamkeit nur für den, der von der Vereinigung träumt. Der Tod nur für den, der das Leben vorzieht. Marcel Conche sagt: »Es gibt keine Tragödie ohne Wertdifferenz.«[147] Gibt es einen wirksameren Differenzierungsfaktor als die Sexualität? Dieses kleine Stück Haut, das mich verrückt macht, dieses Lächeln, dieser Blick, oder dieser Gang, dieses Streicheln, wie soll ich sie für gleichgültig erklären, wenn doch mein ganzer Körper das Gegenteil

---

147 Marcel Conche, »La sagesse tragique«, *Orientation philosophique*, PUF, 1990, S. 171.

fühlt und beweist? All das wird enden? Was zeigt, dass es vorhanden ist! Es hat nur für einige Wert, keinesfalls für alle? Was zeigt, dass es zumindest für diese Wert hat! Ich finde die Nihilisten lächerlich, die behaupten, sie könnten das Begehren widerlegen. Was soll das bringen, da es doch überhaupt nicht recht zu haben braucht, denn es genügt ihm, vorhanden zu sein, um Wert zu haben und seinem Objekt Wert zu verleihen? Wer will sterben, wenn er einen Steifen hat? Wer fragt sich beim Liebesakt, ob sich das alles lohnt? Der »Riss in der Gleichgültigkeit«, wie Lavelle sagen würde, ist in unseren Körper eingeschrieben, bevor er in unserem Herzen oder unserem Geist ist – und, so glaube ich, es gäbe keinen Geist ohne diesen zunächst biologischen Riss. Hier trägt der Materialismus den Sieg über den Nihilismus davon, so wie die Tragik über den Pessimismus siegt. Lektionen, die uns der Mut, das Leben erteilt: Sie setzen nicht außer Kraft, was wahr sein könnte an der Schopenhauer'schen Vision, sondern verändern deren Bedeutung.

Die Sexualität dient der Art, nicht dem Individuum? Daher muss sich das Individuum die Sexualität dienstbar machen – und in der Paarbeziehung der eine dem anderen.

Jede Leidenschaft umfasst ein wenig Illusion, Unbewusstes, Träumereien? Deshalb ist die Paarbeziehung, wenn sie glücklich ist, etwas so Besonderes: weil wir lernen, die Illusion zu überwinden, die Wahrheit des anderen zu lieben und nicht die Träume, die wir uns von ihm gemacht haben, weil sie uns jeden Tag die Möglichkeit gibt, bewusst und freiwillig – zumindest teilweise – die Person zu wählen, die unser Unterbewusstes möglicherweise schon vor uns gewählt hat – weil diese Beziehung die Leidenschaft in Handlung verwandelt.

Die Natur kümmert sich nicht im mindesten um unser Glück? Deshalb muss die Kultur oder der Verstand eines jeden darauf achtgeben.

Schopenhauer, der menschen- und frauenfeindlich ist (oder lieber umgekehrt, da er vor allem ein Frauenfeind ist), bringt auf diesen Gebieten trotz all seiner Talente kaum mehr zustande, als seine Unfähigkeit zu Lust und Vergnügen zu rationalisieren – seine Unfähigkeit zu lieben, und genau das bezeichnet Freud als Melancholie.[148] Insofern befindet sich der Theoretiker des Pessimismus, das sei zum Schluss erwähnt, im Gegensatz zu Montaigne, nicht weil Letzterem die Melancholie unbekannt wäre, schließlich gehört sie zur Bedingung des Menschseins und zu seinem eigenen Leben,[149] sondern weil er sich unaufhörlich gegen sie wehrt, sie bekämpft, sie überwindet. In diesem Kampf ist ihm die Sexualität eine Verbündete, keine Gegnerin. Montaigne beruft sich hier wie so oft auf die Weisheit des Predigers (»Genieße das Leben mit deiner Frau, die du lieb hast«[150]), während sich Schopenhauer, der das Buch Kohe-

148 »Trauer und Melancholie«, *G. W.*, Bd.10, S. 429.
149 Vgl. dazu: Michael Screech, *Montaigne and Melancholy. The wisdom of the ›Essays‹*, London, Duckworth, 1983; sowie als strittige, aber höchst anregende Lektüre: Pierre Leschemelle, *Montaigne ou le mal à l'âme*, Imago, 1991.
150 *Prediger* 9, 9. Zu diesem Thema, auf das ich hier nicht näher eingehen kann, vgl. meinen Artikel »Sagesse de l'Ecclésiaste«, *Le Goût de vivre*, Albin Michel, 2010, S. 354–356, sowie meinen Beitrag zum Kolloquium *Littérature et vanité*, hg. v. J.-Ch. Darmon, PUF, 2011, S. 209–215 (»Singularité de l'Ecclésiaste«).

let ebenfalls schätzt, lediglich an dessen Traurigkeit und Lustlosigkeit hält. Jeder sucht sich die Meister, deren er bedarf oder die er versteht.

Feuerbach
oder der geschlechtliche Gott

Feuerbachs Denken ist kraftvoller als das Schopenhauers. Er ist das Gegenteil eines Nihilisten. Für ihn ist das Leben ein hinreichendes Glück (»wahre Lebensfreude, wahre Religion«[151]), und das Glück ist »nichts anderes als der gesunde, normale Zustand eines Wesens«[152]. Für ihn gehören Materialismus, Humanismus und Optimismus zusammen, wie für Schopenhauer Idealismus, Pessimismus und Misanthropie. Das sind die beiden Gesichter des Atheismus im Deutschland des 19. Jahrhunderts: Das eine lächelt, das andere nicht. Begreiflich, dass Feuerbachs Einfluss auf den jungen Marx so stark war wie Schopenhauers Einfluss auf den jungen Nietzsche! Die Veröffentlichung von *Das Wesen des Christentums* im Jahr 1841 brach den »Bann«[153]. Was

151 Ludwig Feuerbach, *Das Wesen des Christentums*, Anhang, Stuttgart, Reclam, 1969, S. 513.

152 Ludwig Feuerbach, »Die Unzertrennlichkeit von Wille und Glückseligkeitstrieb« (1867–1869), in: Hans-Jürg Braun, *Solidarität oder Egoismus*, Berlin, Akademie-Verlag, 1994, S. 365–369 (Zitat, S. 366).

153 Daran erinnert sich Engels mit bewegten Worten in seiner Schrift *Ludwig Feuerbach und der Ausgang der klassischen deutschen Philosophie*, 1. Kapitel: »Man muß die befreiende Wirkung dieses Buchs selbst erlebt haben, um sich eine Vorstellung davon zu machen. Die Begeisterung war allgemein: Wir waren alle momentan Feuerbachianer« (Karl Marx, Friedrich Engels, *Werke*, Bd. 21, Berlin, Dietz, 1962.)

stand darin? Zunächst natürlich eine Kritik der Religion als Geisteskrankheit. Aber sie enthielt auch – und das interessiert mich hier – eine Apologie der Lust und der Freude, also auch der Sexualität und der Liebe. Der Materialismus führt zum Hedonismus. Es gibt kein Leben ohne Materie, erläutert Feuerbach, und keine lebende Materie ohne Wollust oder Freude. Die etwas verschwommene Argumentation wirkt fast genauso spekulativ wie bei Schopenhauer:

> Von der Materie läßt sich die Lust nicht absondern. Die materielle Lust ist nichts weiter als, sozusagen, die Freude der Materie an sich selbst, die sich selbst betätigende Materie. Jede Freude ist Selbstbetätigung, jede Lust Kraftäußerung, Energie. Jede organische Funktion ist im normalen Zustande mit Wollust verbunden – selbst das Atmen ist ein wollüstiger Akt, der nur deswegen nicht als solcher empfunden wird, weil er ein ununterbrochener Prozeß ist… Die nicht heuchlerische, nicht verstellte – die offenherzige, aufrichtige Anerkennung der Sinnlichkeit ist die Anerkennung des sinnlichen Genusses.[154]

Es ist zu vermuten, dass die Sexualität zu dieser Lust einen erheblichen Teil beiträgt. Gewiss, für Feuerbach zählt vor allem die Liebe, denn sie »macht den Menschen zu Gott und Gott zum Menschen«, sie ist »die wahre Einheit von Gott und Mensch, von Geist und Natur«.[155] Wir befinden

154 Ludwig Feuerbach, *Das Wesen des Christentums*, Anhang, S. 475–476.
155 a.a.O., 1, 2, S. 99–100.

uns hier im innersten Bezirk des Feuerbach'schen Humanismus, der aus dem Atheismus eine Menschheitsreligion macht: »Ist das Wesen des Menschen das höchste Wesen des Menschen [weil er es nicht mehr illusorisch auf Gott projiziert], so muß auch praktisch das höchste und erste Gesetz die Liebe des Menschen zum Menschen sein.«[156]

Das rückt den Menschen an seinen richtigen Platz, den des realen Gottes: »*Homo homini deus est* – dies ist der oberste praktische Grundsatz – dies der Wendepunkt der Weltgeschichte.«[157] Der Mensch befindet sich zugleich im Mittelpunkt und auf dem Gipfel, so wie die Liebe im Menschen. Das tut dem Materialismus keinen Abbruch oder bestätigt ihn sogar. Denn für Feuerbach gibt es keine Liebe anders als materiell (»Liebe ist Materialismus, immaterielle Liebe ein Unding«[158]), so wie man nicht Mensch sein kann anders als körperlich (»Der Leib ist der Grund, das Subjekt der Persönlichkeit.«[159]). Da haben wir's: Jeder menschliche Körper ist geschlechtlich:

---

156 a.a.O., ii, 9, S. 426.
157 a.a.O. Der Ausspruch *homo homini deus* [»Der Mensch ist dem Menschen ein Gott«] ist seit der Antike vielfach belegt (besonders bei Cäcilius), genauso übrigens wie die Maxime, die man ihm häufig entgegenhält: *homo homini lupus* [»Der Mensch ist dem Menschen ein Wolf«], die man beispielsweise bei Plautus findet. Scharfsinnig hat Montaigne festgestellt, dass beide zutreffen können, vor allem in einer Ehe: *Essais*, iii, 5, S. 109. Spinoza hebt zwar den ersten Ausspruch positiv hervor (*Ethik*, iv, Anmerkung zum Lehrsatz 35, a.a.O., S. 220), lässt aber durchblicken, dass auch der zweite in der Praxis durchaus zutreffen kann: Der erste regiert, wenn die Menschen nach Maßgabe der Vernunft leben, der zweite, wenn sie ihren Leidenschaften verfallen sind (*Werke*, Bd. 3, »Politischer Traktat«, Kap. ii, § 14, S. 16–17).
158 *Das Wesen des Christentums*, i, 2, S. 100.
159 a.a.O., i, 10, S. 158.

Fleisch und Blut ist Leben, und Leben allein die Wirklichkeit des Leibes. Aber Fleisch und Blut ist nichts ohne den Sauerstoff des Geschlechtsunterschieds. Der Geschlechtsunterschied ist kein oberflächlicher oder nur auf gewisse Körperteile beschränkter; er ist ein *wesentlicher;* er durchdringt Mark und Bein. Das *Wesen* des Mannes ist die Männlichkeit, das des Weibes die Weiblichkeit… Die Persönlichkeit ist daher nichts ohne Geschlechtsunterschied; die Persönlichkeit unterscheidet sich wesentlich in männliche und weibliche Persönlichkeit. Wo kein Du, ist kein Ich; aber der Unterschied von Ich und Du, die Grundbedingung aller Persönlichkeit, alles Bewußtseins, ist nur ein wirklicher, lebendiger, feuriger als der Unterschied von Mann und Weib. Das Du zwischen Mann und Weib hat einen ganz andern Klang als das monotone Du zwischen Freunden.[160]

Ich fürchte ein solcher Text wird den Zorn einiger Feministinnen und Homosexueller heraufbeschwören, die – übrigens zu Recht – finden werden, dass Feuerbach die Geschlechterdifferenz in übertriebener Weise naturalisiere und essenzialisiere.[161] Aber muss man sie deshalb leugnen –

160 a.a.O., I, 10, S. 158–159.
161 Vgl. Elsa Dorlin, *Sexe, genre et sexualités*, PUF, 2008, Neudr. 2011. *Gender* (maskulin/feminin) als soziale Konstruktion ist eine kulturelle Wirklichkeit, die sich als solche vom Geschlecht (männlich/weiblich) als biologische und folglich als natürliche Wirklichkeit unterscheidet. Doch die häufig feministisch inspirierten *Gender Studies* werden auch weiterhin den Gegensatz zwischen diesen beiden Kategorien relativieren – zugunsten von Gender oder ihrer gemeinsamen Subversion mittels sexueller Praktiken oder mittels Identitä-

zumal Feminismus und Homosexualität sie voraussetzen – oder nur ein kulturelles Artefakt in ihr sehen? Ich glaube nicht. Es ist doch schon lange ein Gemeinplatz, dass der Unterschied zwischen den Geschlechtern (zwischen männlich und weiblich) eine soziale Festlegung und kulturelle Konstruktion ist. So wie es auch einen anderen Unterschied der Geschlechter gibt, der in die Zuständigkeit der Biologie fällt und (de facto für die Art, de jure für das Individuum) jeder Kultur und Gesellschaft vorausgeht, die er erst ermöglicht und von denen er nicht abgeschafft werden kann. Aber lassen wir das. Gerne würde ich »Geschlechtsunterschied« in diesen Texten von Feuerbach durch »Sexualität« ersetzen, die ja mein eigentliches Thema ist und mir mehr am Herzen liegt. Eine eingeschlechtliche oder vollkommen hermaphroditische Menschheit – Eigenschaften, die einige lebende Arten aufweisen – würde sich sicherlich von der unseren erheblich unterscheiden, aber ganz bestimmt weit weniger als eine Menschheit ganz ohne Sexualität. Feuerbach, auf die Geschlechterdifferenz fixiert (so sehr, dass man gelegentlich an eine unbewusste Versuchung oder Verleugnung denkt), scheint diesen Punkt zu verkennen. Etwa wenn er einige Zeilen später den folgenden Kommentar hinzusetzt:

ten, die sich nicht auf die eine oder andere Kategorie festlegen lassen (Sexualitäten, die als *queer* bezeichnet werden – wörtlich: seltsam oder eigenartig – und die in einigen Gruppen von Schwulen, Lesben, Bisexuellen, Transsexuellen und Transgender propagiert werden). Vgl. dazu das bekannte Buch von Judith Butler: *Gender trouble*, 1990 (dt.: *Das Unbehagen der Geschlechter*, Frankfurt a. M., Suhrkamp 1991).

[D]ie Basis der Sittlichkeit ist der Geschlechtsunterschied. Selbst das Tier wird durch den Geschlechtsunterschied aufopfernder Liebe fähig. Alle Herrlichkeit der Natur, all ihre Macht, all ihre Weisheit und Tiefe konzentriert und individualisiert sich in dem Geschlechtsunterschied.

Damit misst er dem Geschlechtsunterschied mehr Bedeutung zu als der Sexualität selbst, während es doch, wie ich finde, umgekehrt sein müsste. Von dieser Einschränkung abgesehen, stimme ich Feuerbach aber gerne in der Sache zu, die Freud übrigens später bestätigen sollte: Es gibt keine Liebe ohne Sexualität und keine Moral ohne Liebe. Aus diesem Grund – das ist der entscheidende Punkt – ist die Sexualität »die eigentliche Wurzel unserer Beziehung zu anderen«[162]. Der Feuerbach'sche Humanismus gewinnt hier seine eigentliche Konsistenz: Er ist »aus Fleisch und Blut«[163], also auch aus Sperma und Vaginalsekret. Es gibt keinen anderen Gott als den Menschen – Mann und Frau –, und das ist ein »geschlechtliche[r] Gott«[164]. Daraus ist nicht zu schließen, dass das Geschlecht Gott ist, denn das wäre nur eine weitere Idolatrie, wohl aber, dass sich nichts Göttliches (Erhabenes, hätte Freud gesagt) ohne die Sexualität ereignen kann.

162 Wie Jean Salem betont in: *Une lecture frivole des écritures. L'essence du christianisme de Ludwig Feuerbach*, Versanne, Encre marine, 2003.
163 *Das Wesen des Christentums*, I, 10, S. 158.
164 a. a. O., S. 159.

Nietzsche
Vom Krieg der Geschlechter zum Tanz

So gesehen, scheint Nietzsche das Gegenteil Feuerbachs zu sein. Viel, und sehr Kluges, hat Nietzsche über die Liebe geschrieben,[165] weit weniger über die Sexualität. Doch das, was er geschrieben hat, ist unzweideutig. Der Mensch ist nicht nur weit entfernt davon, ein geschlechtlicher Gott zu sein, sondern das Geschlecht ist auch das, was uns jeden Anspruch auf Göttlichkeit nimmt. Ein Gedanke, der in jener amüsanten Formulierung zusammengefasst ist, die ich mir oft vergegenwärtigt habe: »Der Unterleib ist der Grund dafür, daß der Mensch sich nicht so leicht für einen Gott hält.«[166] Die »petite bête«, wie Nietzsche das nennt, steht dem im Wege.[167] Doch sie zu verteufeln wäre ebenso falsch – das disqualifiziert, wie so viele andere Fehler, das

---

165 Zu einem raschen und informativen Überblick vgl. das schöne Nietzsche-Kapitel in: Catherine Merrien, *L'Amour*, Eyrolles, 2010, S. 159–179. Siehe auch Aude Lancelin und Marie Lemonnier, *Les Philosophes et l'amour*, Plon, 2008, Kapitel VIII, »Friedrich Nietzsche, l'amour à coups de marteau«. (Alle folgenden Nietzsche-Zitate stammen aus der Werkausgabe: *Werke in sechs Bänden*, hg. v. Karl Schlechta, München, Hanser, 1980.)

166 *Jenseits von Gut und Böse*, IV, § 141. Der Gedanke findet sich bereits bei Montaigne, der ihn von Alexander übernimmt: *Essais*, III, 5, S. 150.

167 *Nietzsche contra Wagner*, »Wagner als Apostel der Keuschheit«, § 2, Bd. IV, S. 1051 (wo es heißt: »labiles Gleichgewicht zwischen Engel und petite bête«; das ist vielleicht eine Anspielung auf das berühmte Fragment 678/358 der *Gedanken* von Pascal (»Der Mensch ist weder Engel noch Tier, und das Unglück will, dass, wer den Engel spielen will, letztlich das Tier spielt«). Pascal war vermutlich seinerseits durch die Lektüre von Montaigne beeinflusst (*Essais*, III, 13, S. 523). Erinnern wir uns, dass Nietzsche beide Autoren überaus schätzte.

Christentum. Dessen Irrtum? Der *Kastratismus*, wie Nietzsche sagt,[168] oder der Versuch, die Sinnlichkeit auszumerzen wie ein ungeschickter Zahnarzt, der in Wirklichkeit nur ein Zahnausreißer ist:

> Der Stifter des Christentums... gleicht in seiner Methode mitunter jenem Zahnarzte, der jeden Schmerz durch Ausreißen des Zahnes heilen will; so zum Beispiel indem er gegen die Sinnlichkeit mit dem Ratschlage ankämpft: »Wenn dich dein Auge ärgert, so reiße es aus.« – Aber es bleibt doch noch der Unterschied, daß jener Zahnarzt wenigstens sein Ziel erreicht, die Schmerzlosigkeit des Patienten; freilich auf so plumpe Art, daß er lächerlich wird: während der Christ, der jenem Ratschlage folgt und seine Sinnlichkeit ertötet zu haben glaubt, sich täuscht: sie lebt auf eine unheimliche, vampyrische Art fort und quält ihn in widerlichen Vermummungen.[169]

---

168 *Götzen-Dämmerung*, »Moral als Widernatur«, 1, Bd. IV, S. 965.

169 *Menschliches, Allzumenschliches*, II, »Der Wanderer und sein Schatten« (§ 83, S. 914), wo er auf das Matthäus-Evangelium 5, 27–29 verweist. Vgl. ferner in *Götzen-Dämmerung*, »Moral als Widernatur«, 1, Bd. IV, S. 965, wo Nietzsche die Bergpredigt angreift: »Es wird daselbst zum Beispiel mit Nutzanwendung auf die Geschlechtlichkeit gesagt ›wenn dich dein Auge ärgert, so reiße es aus‹: zum Glück handelt kein Christ nach dieser Vorschrift... Wir bewundern die Zahnärzte nicht mehr, welche die Zähne ausreißen, damit sie nicht mehr weh tun.« Nachdem er im *Antichrist*, § 45, dieselbe Stelle aus den Evangelien zitiert hat, meint er ironisch: »Es ist nicht gerade das Auge gemeint...«, Bd. IV, S. 1028.

Die Christen haben die Sexualität verteufelt.[170] Dadurch sind sie nur noch tiefer in ihre Gefangenschaft geraten.[171] Sie haben Eros vergiftet: » ... er starb zwar nicht daran, aber entartete, zum Laster.«[172] Während für die Griechen das Geschlecht das »ehrwürdige Symbol an sich, der eigentliche Tiefsinn innerhalb der ganzen antiken Frömmigkeit« war, »der Weg selbst zum Leben, die Zeugung, als der heilige Weg...«, hat dagegen das Christentum, »mit seinem Ressentiment gegen das Leben auf dem Grunde, hat aus der Geschlechtlichkeit etwas Unreines gemacht: es warf Kot auf den Anfang, auf die Voraussetzung unsres Lebens ...«[173] Moral gegen Natur, und deshalb ist Nietzsche dagegen. Für ihn ist das eine Frage der Gesundheit: Er sieht in dem Hass auf die Sinnlichkeit »ein nachdenkliches Symptom«[174]. Keuschheit propagieren? Sie ist lediglich ein Beleg dafür, dass der Idealismus, dieses »Laster«, die Natur »vergiften« will: »Die Predigt der Keuschheit ist eine öffentliche Aufreizung zur Widernatur. Jede Verachtung des geschlechtlichen Lebens, jede Verunreinigung desselben durch den Begriff ›unrein‹ ist das Verbrechen selbst am Leben – ist die eigentliche Sünde wider den heiligen Geist des Lebens.«[175]

170 Vgl. beispielsweise *Morgenröte*, i, § 76, Bd. iv, S. 1062–1063.
171 a. a. O., S. 1063. Dadurch kam es, dass in den christlichen Ländern »die Liebesgeschichte das einzige wirkliche Interesse wurde«.
172 *Jenseits von Gut und Böse*, iv, § 168, Bd. iv, S. 639.
173 *Götzen-Dämmerung*, »Was ich den Alten verdanke«, § 4, Bd. iv, S. 1031–1032.
174 a. a. O., »Moral als Widernatur«, § 2, Bd. iv, S. 966.
175 *Ecce Homo*, »Warum ich so gute Bücher schreibe«, § 5, Bd. iv, S. 1006; vgl. auch *Götzen-Dämmerung*, »Moral als Widernatur«, § 2, Bd. iv, S. 966.

Das hindert Nietzsche allerdings nicht daran, eine andere Keuschheit ins Spiel zu bringen, die er als höhere Unschuld versteht und die »Hündin Sinnlichkeit« auf ihren Platz verweist.[176] Das ist fast eine Vorwegnahme des Freud'schen Sublimationsbegriffs: Die Sexualität eines Menschen reicht »bis in den letzten Gipfel seines Geistes hinauf«[177], und das »Verlangen nach Kunst und Schönheit ist ein indirektes Verlangen nach den Entzückungen des Geschlechtstriebes«[178]. Es ist die gleiche Kraft, »die man in der Kunst-Konzeption und die man im geschlechtlichen Aktus ausgibt«; schöpferische Menschen vermeiden, sie zu vergeuden.[179] Daher glaubt Nietzsche bei »höchsten und kultiviertesten« Geistern die »geringe Fruchtbarkeit, die häufige Ehelosigkeit und überhaupt die geschlechtliche Kühle« zu entdecken, die ihn nicht überrascht. Die haben Besseres zu tun, als Kinder zu zeugen: »Solche Menschen sind Spitzen der Menschheit – sie dürfen nicht weiter in Spitzchen auslaufen.«[180] Selbst die Künstler, die er für sinnlicher hält als die Denker, können gelegentlich »eine relative Keuschheit« wählen, die für sie lediglich ein Prinzip der Ökonomie ist.[181] Sie wissen, »wie schädlich in Zuständen großer geistiger Spannung und Vorbereitung der

176 *Also sprach Zarathustra*, I, »Von der Keuschheit«, Bd. III, S. 319.
177 *Jenseits von Gut und Böse*, »Sprüche und Zwischenspiele«, § 75, Bd. IV, S. 626.
178 *Aus dem Nachlass der Achtzigerjahre*, »Zur Genesis der Kunst«, Bd. VI, S. 870.
179 a. a. O., »Vernunft des Lebens«, Bd. VI, S. 924.
180 *Menschliches, Allzumenschliches*, II, »Der Wanderer und sein Schatten«, § 197, Bd. II, S. 955.
181 a. a. O., »Vernunft des Lebens«, Bd. VI, S. 923.

Beischlaf wirkt«[182]. Daher sind sie bereit, vorübergehend auf die Sexualität zu verzichten, nicht aus Hass auf die Sinnlichkeit, sondern weil sie »zum Vorteil des werdenden Werkes rücksichtslos über alle sonstigen Vorräte und Zuschüsse von Kraft, von *vigor* des animalen Lebens« verfügen müssen.[183] Dabei wird die Sexualität nicht verurteilt, sondern »nur transfiguriert«[184]. Das ist die gute Keuschheit: nicht jene, die paradoxerweise den Frauen auferlegt wird,[185] nicht die der Enthaltsamen, die lediglich ein weiteres Laster ist,[186] sondern die der höheren Geister, die sie sich gelegentlich selbst auferlegen, um nicht diese Fülle an Kraft, die ihnen – bei sparsamem Umgang – die unschuldige und starke »Überheizung des geschlechtlichen Systems«[187] beschert, »auf diese oder jene Weise auszugeben«[188].

Das ist nicht der Geist des Christentums, zumindest nicht so, wie Nietzsche, der Pastorensohn, es sieht oder erlebt hat. Er versteht es vielmehr als eine Art Verschwörung gegen den Körper und damit gegen das Leben: »Daß man die allerersten Instinkte des Lebens verachten lehrte; daß man eine ›Seele‹, einen ›Geist‹ erlog, um den Leib zu-

182 *Zur Genealogie der Moral*, III, § 8, Bd. IV, S. 853.
183 ebd.
184 ebd.
185 *Die fröhliche Wissenschaft*, II, § 71, Bd. III, S. 83.
186 *Also sprach Zarathustra*, I, »Von der Keuschheit«, Bd. III, S. 319.
187 *Aus dem Nachlass der Achtzigerjahre*, Bd. IV, S. 756. Zur »Unschuld« des Tiers vgl. auch *Also sprach Zarathustra*, I, »Von der Keuschheit«, Bd. III, S. 319.
188 *Aus dem Nachlass der Achtzigerjahre*, »Zur Genesis der Kunst«, Bd. VI, S. 924.

schanden zu machen; daß man in der Voraussetzung des Lebens, in der Geschlechtlichkeit, etwas Unreines empfinden lehrt.[189] Dagegen gilt es die Wollust zu rehabilitieren: Sie ist nur schlecht »für die bußhemdigen Leib-Verächter«; für Zarathustra ist sie »unschuldig und frei, das Garten-Glück der Erde, aller Zukunft Dankes-Überschwang an das Jetzt«[190]. Kein Wunder, dass Nietzsche bei unseren Achtundsechzigern, die ihm verhasst gewesen wären, so viel Anklang gefunden hat. Im Übrigen ist das etwas, was beide – ihn und sie – eher sympathisch macht. Moralische Entschuldung der Sexualität? Wer würde das heute nicht begrüßen? Das war ein notwendiger Kampf, dem sich heute noch einige Landsleute mit umso größerem Eifer widmen, als er längst gewonnen ist. Allerdings ist das kein Grund, das »Mysterium« zu vergessen, das den »geschlechtlichen Verhältnissen« weiterhin anhaftet, oder die »Scham«, die damit einhergeht.[191] Nietzsche, der sich gelegentlich rühmt, nie Verlangen verspürt zu haben[192] (und dessen Sexualleben, nebenbei bemerkt, ziemlich armselig gewesen sein dürfte), ist kein Libertin – es sei denn im

---

189 *Ecce Homo*, »Warum ich ein Schicksal bin«, § 7, Bd. IV, S. 1157. Die Christen verstärken die »Ranküne gegen die Sinnlichkeit, die man überall findet, wo es Philosophen gegeben hat« (*Zur Genealogie der Moral*, III, § 7, Bd. IV, S. 845; vgl. auch *Götzen-Dämmerung*, »Die ›Vernunft‹ in der Philosophie«, § 1, Bd. IV, S. 957).
190 *Also sprach Zarathustra*, III, »Von den drei Bösen«, § 2, Bd. III, S. 436.
191 *Menschliches, Allzumenschliches*, I, § 100, Bd. II, S. 507–508.
192 *Ecce Homo*, »Warum ich so klug bin«, § 9, Bd. IV, S. 1096. Siehe auch *Also sprach Zarathustra*, III, »Von der Seligkeit wider Willen« (Bd. III, S. 412), und im selben Buch das Kapitel »Von der großen Sehnsucht«.

Denken –, kein Genießer[193], noch nicht einmal ein Hedonist[194].

Welches Geheimnis? Zweifellos – wie bei Schopenhauer – das des Lebens selbst, also des Willens zur Macht[195], aber dieses Mal positiv und bejahend, nicht mehr reaktiv, abwertend oder nihilistisch ausgedrückt. Daher auch das Geheimnis des Geschlechterunterschieds, und speziell das »Rätsel« der Weiblichkeit[196] (weil »das Leben… ein Weib« ist[197], wie die Weisheit: »sie ist ein Weib und liebt immer nur einen Kriegsmann«[198]). Hier kommen wir zum originellsten Aspekt des Nietzsche'schen Sexualitätsbegriffs, der nicht dessen Exkulpation ist (in dem Punkt geht Nietzsche kaum über Feuerbach oder die französischen Materialisten des 18. Jahrhunderts hinaus), sondern die Betrachtungsweise eines Aspekts, den wir wohl *Kampf der Geschlechter* nennen dürfen. Das Thema zeigt sich bereits in der *Geburt*

---

193 »Jeder Genießende meint, dem Baume habe es an der Frucht gelegen; aber ihm lag am Samen. – Hierin besteht der Unterschied zwischen allen Schaffenden und Genießenden.« (*Menschliches, Allzumenschliches*, II, »Vermischte Meinungen und Sprüche«, § 406, Bd. II, S. 869).

194 Zum Hedonismus (der für Nietzsche nur eine naive und oberflächliche Philosophie ist) vgl. *Jenseits von Gut und Böse*, VII, § 225, Bd. VI, S. 689. Außerdem gibt es den Hedonismus auch bei den Christen, was alles sagt (*Nietzsche contra Wagner*, »Wir Antipoden«, Bd. VI, S. 1048).

195 Siehe beispielsweise *Die fröhliche Wissenschaft*, V, § 349, »Wir Furchtlosen«, Bd. III, S. 215

196 *Also sprach Zarathustra*, I, »Von alten und jungen Weiblein«, Bd. III, S. 328.

197 *Die fröhliche Wissenschaft*, IV, § 339, »Vita femina«, Bd. III, S. 201.

198 *Also sprach Zarathustra*, I, »Vom Lesen und Schreiben«, Bd. III, S. 306. Die Formulierung verwendet er noch einmal als Motto für die Dritte Abhandlung der *Genealogie der Moral*, Bd. IV, S. 839.

der Tragödie, wo es heißt, dass »die Generation von der Zweiheit der Geschlechter, bei fortwährendem Kampfe und nur periodisch eintretender Versöhnung, abhängt«.[199] Es wird immer wieder als Nietzsches Leitmotiv auftauchen. Männer und Frauen sind sich nicht nur »fremd«[200]; er sieht sie auch als Gegensätze: »kriegstüchtig den einen, gebärtüchtig das andre«, und erkennt die einzige Ähnlichkeit nur darin, dass sie beide »tanztüchtig mit Kopf und Beinen« sind.[201] Daher diese »periodisch eintretende Versöhnung«, die nicht ihre Voraussetzung, den »fortwährenden Kampf«, ungeschehen macht. Insofern ist der Gegensatz zwischen den beiden Geschlechtern geprägt von einem »abgründlichsten Antagonismus« und einer »ewigfeindseligen Spannung«[202].

Daher ist die Liebe ein »Krieg« und »in ihrem Grunde der Todhaß der Geschlechter«.[203] In der Regel gehen wir vom Gegenteil aus, denn Mann und Frau »täuschen sich übereinander: das macht, sie ehren und lieben im Grunde nur sich selbst (oder ihr eignes Ideal, um es gefälliger auszudrücken)«.[204]

Allerdings verhindert das nicht eine gewisse Symmetrie zwischen den beiden Geschlechtern. Was will der Mann? Befehlen. Was will die Frau? Gehorchen. Genau diese Bot-

---

199 *Geburt der Tragödie*, § 1, Bd. 1, S. 21.
200 *Also sprach Zarathustra*, III, »Von den drei Bösen«, § 2, Bd. III, S. 437.
201 a. a. O., »Von alten und neuen Tafeln«, § 23, Bd. III, S. 457.
202 *Jenseits von Gut und Böse*, VII, § 238, Bd. IV, S. 700–701.
203 *Der Fall Wagner*, § 2, Bd. IV, S. 907; vgl. ferner *Ecce Homo*, »Warum ich so gute Bücher schreibe«, § 5, Bd. IV, S. 1105–1106.
204 *Jenseits von Gut und Böse*, IV, § 131, Bd. IV, S. 634.

schaft verkündet in schöner Offenheit die *Fröhliche Wissenschaft*: »Des Mannes Art ist Wille, des Weibes Art Willigkeit – so ist es das Gesetz der Geschlechter, wahrlich! ein hartes Gesetz für das Weib!«[205] Nicht anders *Zarathustra*: »Das Glück des Mannes heißt: ich will. Das Glück des Weibes heißt: er will.«[206] Höchstwahrscheinlich sind der Chauvinismus und die Misogynie dieser Passagen zu einem guten Teil den Vorurteilen der Zeit geschuldet. Zu vermuten ist aber auch, dass sich darin die Einflüsse bestimmter privater Phantasien Nietzsches äußern. Traurige Berühmtheit genießt der Ausspruch: »Du gehst zu Frauen? Vergiß die Peitsche nicht!«[207] Aber es gibt natürlich auch weitere Stellen. »Das Weib gibt sich weg, der Mann nimmt hinzu.«[208] Das ist für Nietzsche eine – zugleich »unmoralische« wie ewige – Naturgegebenheit.[209] Aber warum? Wegen der Macht des Mannes? Kaum. Eher wegen der Schwäche des Kindes und der Intelligenz der Frauen. Das »harte Gesetz«[210], dem die Frauen unterworfen sind, beruht nämlich weitgehend auf den, wie Nietzsche sagt, »widerlichen Natürlichkeiten… denen jedes Weib ausgesetzt ist«.[211] Die Frau bleibt ein Weibchen und als solches zur Schwangerschaft bestimmt.[212] »Alles am Weibe ist ein Rätsel, und alles

205 *Die fröhliche Wissenschaft*, II, § 68., Bd. III, S. 82.
206 *Also sprach Zarathustra*, I, »Von alten und jungen Weiblein«, Bd. III, S. 329.
207 a.a.O., S. 330.
208 *Die fröhliche Wissenschaft*, V, § 363, Bd. III, S. 237.
209 ebd.
210 a.a.O., II, § 68, S. 82.
211 a.a.O, II, § 59, S. 78.
212 a.a.O., II, § 72, S. 84.

am Weibe hat eine Lösung: sie heißt Schwangerschaft.«[213] Und weiter: »Der Mann ist für das Weib ein Mittel: der Zweck ist immer das Kind.«[214] Aber warum dann gehorchen und sich unterwerfen? Aus List[215]: weil es im Interesse der Frau liege, vor allem wenn sie schwanger ist, und des Kindes, solange es klein ist. Deshalb heißt es bei Nietzsche: »Die Schwangerschaft hat die Weiber milder, abwartender, furchtsamer, unterwerfungslustiger gemacht.«[216] Darwinismus? Vielleicht, aber gegen Darwin gewendet – der »hat den Geist vergessen (– das ist englisch!)«[217]. Darwin habe wie Spinoza eine »unbegreiflich einseitige« und defensive Vorstellung vom »Kampf ums Dasein«[218]. In Wirklichkeit, so Nietzsche, gewinnen immer die Schwachen, denn »sie sind die große Zahl« und »sie sind auch klüger« (die Star-

---

213 *Also sprach Zarathustra*, I, »Von alten und jungen Weiblein«, Bd. III, S. 327–328.
214 a. a. O., S. 328.
215 Zur Intelligenz der Frauen vgl. *Menschliches, Allzumenschliches*, I, »Weib und Kind«, § 411, und II, *Menschliches*, »Der Wanderer und sein Schatten«, § 270 (wo es den Anschein hat, als ob die Frauen, um den Männern zu gefallen, dazu neigten, ihre Intelligenz zu tarnen und ihre Sinnlichkeit zu übertreiben). Vgl. ferner *Ecce Homo*, »Warum ich so gute Bücher schreibe«, § 5, Bd. IV, S. 1105 (»Das Weib ist unsäglich viel böser als der Mann, auch klüger«). Erinnern wir uns daran, dass List, Intelligenz oder Geist für Nietzsche eher Zeichen der Schwäche sind: vgl. beispielsweise *Die fröhliche Wissenschaft*, V, § 348, Bd. II, S. 213 ff., und 370, a. a. O., S. 244 ff.
216 *Die fröhliche Wissenschaft*, II, § 72, Bd. II, S. 84.
217 *Götzen-Dämmerung*, »Streifzüge eines Unzeitgemäßen«, § 14 (»Anti-Darwin«), Bd. IV, S. 999. Vgl. ferner *Die fröhliche Wissenschaft*, V, § 349, Bd. II, S. 215 f.
218 *Die fröhliche Wissenschaft*, V, § 349, Bd. II, S. 215.

ken müssen nicht intelligent sein[219]). Heute beweist das, so würde Nietzsche sagen, der Triumph der Demokratie, des Sozialismus und des »ganzen europäischen Feminismus«[220], mit anderen Worten, der »décadence«[221]… Ich überlasse es den linken Nietzscheanern – die gibt es tatsächlich –, diese Texte zu rechtfertigen oder auch nicht. Ich für meinen Teil bin fast von dem genauen Gegenteil überzeugt: dass nämlich Spinoza und Darwin recht haben,[222] dass die Macht dem Leben dient und nicht umgekehrt, dass die Stärksten gewinnen, dass der Geist eine Kraft ist – wie die Menge, wie die Demokratie, wie die Solidarität – und dass die Menschheit nur dank dieser Kraft (Kraft der Sanftmut, der Geduld, des Mutes, der Intelligenz, der Sinnlichkeit, der Liebe…) überleben und sich zivilisieren konnte, dass die Frauen – oft mehr als die Männer – bewahrten, entwickelten und Leben ermöglichten, nicht »zur Erholung des Kriegers«, wie Nietzsche sagt[223], sondern damit die, auf die es ankommt –

---

219 *Götzen-Dämmerung*, »Streifzüge eines Unzeitgemäßen«, § 14 (»Anti-Darwin«), Bd. ɪᴠ, S. 999.

220 *Morgenröte*, »Vorrede«, § ɪᴠ, Bd. ɪɪɪ, S. 1015. Vgl. auch *Ecce Homo*, »Warum ich so gute Bücher schreibe«, § 3, Bd. ɪᴠ, S. 1102 ff., und *Jenseits von Gut und Böse*, § 239, S. 701 ff.

221 Vgl. beispielsweise *Götzen-Dämmerung*, »Streifzüge eines Unzeitgemäßen«, § 50, Bd. ɪᴠ, S. 1026.

222 Zur Verwandtschaft der beiden und über den Irrtum, den Nitzsche ihnen vorwirft, vgl. *Die fröhliche Wissenschaft*, ᴠ, § 349, Bd. ɪɪ, S. 215. Zu der einigermaßen komplizierten Beziehung zwischen Nietzsche und Spinoza vgl. meinen Artikel »Nietzsche et Spinoza« in *De Sils-Maria à Jérusalem. Nietzsche et le judaïsme, les intellectuels juifs et Nietzsche*, hg. v. D. Bourel und J. Le Rider, Cerf, 1991, S. 47–66.

223 *Also sprach Zarathustra*, ɪ, »Von alten und jungen Weiblein«, Bd. ɪɪɪ, S. 329.

die Kinder, die Menschheit selbst –, dem Krieg entkommen oder ihn überleben. Rilke sagte: »Die Frauen, in denen unmittelbarer, fruchtbarer und vertrauensvoller das Leben verweilt... müssen menschlichere Menschen als der... Mann sein...«[224] Das ist für mich erhellender als Nietzsches Phantastereien über »den Übermenschen«, der nur der Traum eines Philosophen oder eines kleinen Jungen ist.

Doch kommen wir auf die Sexualität zurück. Nietzsche erkennt sehr wohl, wie viel Egoismus in ihr steckt, was der Liebe, dieser Vergeistigung der Sinnlichkeit,[225] und dem Liebeskult einen äußerst merkwürdigen Charakter verleiht: »...so wundert man sich in der Tat, daß diese wilde Habsucht und Ungerechtigkeit der Geschlechtsliebe dermaßen verherrlicht und vergöttlicht worden ist, wie zu allen Zeit geschehen, ja daß man aus dieser Liebe den Begriff Liebe als den Gegensatz des Egoismus hergenommen hat, während sie vielleicht gerade der unbefangenste Ausdruck des Egoismus ist.«[226] Allerdings ist dieses Paradox kein Widerspruch. Die Sexualität – und hier ist Nietzsche vielleicht am hellsichtigsten – verbindet im besten Falle Egoismus und Altruismus, Lust und Wohlwollen, Begehren und Großzügigkeit, Gier und Dankbarkeit. Daher ist sie der lebendige Kern der Ethik oder ihr Ursprung, wenn denn der angeblich uneigennützige Altruismus nur die

224 Rainer Maria Rilke, *Briefe an einen jungen Dichter*, Zürich, Diogenes, 1997, S. 89.
225 *Menschliches, Allzumenschliches*, II, »Vermischte Meinungen und Sprüche«, § 95, Bd. II, S. 772f. Vgl. auch *Götzen-Dämmerung*, »Moral als Widernatur«, § 3, Bd. IV, S. 967.
226 *Die fröhliche Wissenschaft*, I, § 14, Bd. III, S. 48.

Lüge einer tödlichen Moral ist. Die Liebe, egal, ob die mütterliche oder die sexuelle, ist nie rein altruistisch oder rein egoistisch: Sie sprengt diese naiven und bequemen Gegensätze. Sie ist nicht die Negation des Egoismus, sondern sein höchster Ausdruck. Der Körper ist das Primäre, da es nichts anderes gibt, und er ist ein geschlechtlicher Körper. Daher geht die Sinnlichkeit der Affektivität voraus, die durch jene erst ermöglicht und hervorgebracht wird. »Die Vergeistigung der Sinnlichkeit heißt Liebe«[227]; anders gäbe es keinen Geist. Dadurch wird das Christentum ins Unrecht gesetzt (denn es will diese Sinnlichkeit ausmerzen) und zugleich sein Erfolg erklärt (denn auch das Christentum ist nur eine Sublimierung der Sexualität).[228]

Es gilt also, einen Mittelweg zu finden, der weder »Kastratismus« noch »überschwengliche geschlechtliche Zuchtlosigkeit« ist.[229] Gegen Eros ankämpfen? Ihn in seine Grenzen weisen? Ihn sublimieren? Das ist sicherlich für jede Kultur, die diesen Namen verdient, erforderlich: »Ist es nicht gemeiner Seelen Art, sich einen Feind immer böse zu denken?«[230] Im Übrigen, so fragt Nietzsche, »darf man Eros einen Feind nennen! An sich ist den geschlechtlichen wie den mitleidenden und anbetenden Empfindungen gemeinsam, daß hier der eine Mensch durch sein Vergnügen einem anderen Menschen wohltut – man trifft derartige wohlwollende Veranstaltungen nicht zu häufig in der Natur!«[231]

227 *Götzen-Dämmerung*, »Moral als Widernatur«, § 3, Bd. IV, S. 966.
228 ebd., und *Menschliches, Allzumenschliches*, II, § 95, Bd. II, S. 772.
229 *Die Geburt der Tragödie*, § 2, Bd. I, S. 27.
230 *Morgenröte*, I, § 76, Bd. II, S. 1062.
231 ebd.

Warum sollten wir nicht demjenigen Gutes erweisen, der es uns erweist und dem wir es gerne zurückgeben, der Lust erfährt an unserer Lust und dessen Lust zu der unseren wird? Der Krieg der Geschlechter ist nicht alles: Es gibt auch den *Tanz*, wie es bei Nietzsche heißt,[232] anders gesagt, die Lust an der Begegnung, am Unterschied, an der gegensätzlichen und fortgesetzten Harmonie der Begierden, der Gesten, »des geschlechtlichen Interesses«[233], wie die französischen Klassiker demonstrieren;[234] es gibt auch das Kind und die Familie, die Freude und die Achtung, den »Willen zu zweien« und die Freundschaft.[235] Vielleicht ist das die Rechtfertigung der Paarbeziehung und dasjenige, was die Ehefrau von der Geliebten unterscheidet.[236] Der Orgasmus? Nicht das Wichtigste. »Für zwei Liebende im ganzen und starken Sinn des Wortes ist eben die Geschlechtsbefriedigung nichts Wesentliches und eigentlich nur ein Sym-

---

232 *Also sprach Zarathustra*, III, »Von alten neuen Tafeln«, § 23, Bd. III, S. 457.

233 *Götzen-Dämmerung*, »Streifzüge eines Unzeitgemäßen«, § 23, Bd. IV, S. 1004.

234 ebd. Es heißt dort, »daß auch die ganze höhere Kultur und Literatur des klassischen Frankreichs auf dem Boden des geschlechtlichen Interesses aufgewachsen ist. Man darf überall bei ihr die Galanterie, die Sinne, den Geschlechts-Wettbewerb, ›das Weib‹ suchen – man wird nie umsonst suchen…«

235 Vgl. beispielsweise *Also sprach Zarathustra*, I, »Von Kind und Ehe«, Bd. III, S. 332, und *Die fröhliche Wissenschaft*, I, § 14, Bd. III, S. 47.

236 *Menschliches, Allzumenschliches*, I, »Weib und Kind«, § 424, Bd. II, S. 657–658. Das ändert aber nichts daran, dass man die Ehe als Institution nicht auf die Liebe gründet, sondern »auf den Geschlechtstrieb, auf den Eigentumstrieb (Weib und Kind als Eigentum), auf den Herrschafts-Trieb, der sich beständig das kleinste Gebilde der Herrschaft, die Familie, organisiert…« (*Götzen-Dämmerung*, »Streifzüge eines Unzeitgemäßen«, § 39, Bd. IV, S. 1017).

bol«.[237] Symbol wovon? Der »unbedingten Unterwerfung«
einerseits (der Frau natürlich) und »der Zustimmung zu
ihr« andererseits,[238] lautet Nietzsches Antwort. Ich bezweifle, dass unsere Zeitgenossen, selbst die Nietzscheaner,
gewillt sind, ihm darin zu folgen. Bleiben wir lieber bei
dem, was Nietzsche uns an Wichtigem und Richtigem zu
sagen hat: dass die Liebe den Gegensatz von Einheit und
Zweiheit, von Egoismus und Altruismus überwinde und
gleichzeitig die Unterschiede bewahre, von denen sie zehre,
und so »die Gegensätze durch Freude überbrücke«[239]. Die
Erfahrung zeigt, dass der Geschlechtsakt dazu beitragen
kann. Aber wie könnte er genügen? Die körperliche Liebe?
Wenn es außer ihr nichts gibt, gibt es dort nichts als »das
Tier und die Notdurft«,[240] als »brünstige Weiber« und
Männer, die »nichts Besseres auf Erden [wissen], als bei
einem Weibe zu liegen«[241]. Bei diesen Menschen ist
»Schlamm … auf dem Grunde ihrer Seele«[242]. Die Liebe eines Paars, das diesen Namen verdient, strebt nach Höherem. Die Sexualität ist die Grundlage der Ehe[243], aber sie ist
weder ihre beständigste Freude (die ist das »Gespräch«[244])
noch ihr größter Ehrgeiz, der besteht im »Wille[n] zu

---

237 *Aus dem Nachlaß*, Bd. VI, S. 922.
238 ebd.
239 *Menschliches, Allzumenschliches*, II, »Vermischte Meinungen und
   Sprüche«, § 75, Bd. II, S. 767.
240 *Also sprach Zarathustra*, I, »Von Kind und Ehe«, Bd. III, S. 331.
241 a. a. O., »Von der Keuschheit«, Bd. III, S. 319.
242 ebd.
243 *Götzen-Dämmerung*, »Streifzüge eines Unzeitgemäßen«, § 39, Bd. IV,
   S. 1017.
244 *Menschliches, Allzumenschliches*, I, § 406, Bd. II, S. 651.

zweien, das Eine zu schaffen, das mehr ist, als die es schufen«.[245] Ein Kind? Gelegentlich. Aber mehr noch diese Liebe selbst, die zugleich gegenseitig ist und überbrückt,[246] die jeden der beiden Liebenden über sich selbst hinausführt. Daher klappt die Ehe – wenn sie etwas anderes ist als eine »kleine geputzte Lüge« – nicht ohne »Ehrfurcht voreinander ... als vor den Wollenden eines solchen Willens«.[247] Weder Begehren noch Mitgefühl genügt:

> Es gibt wohl hier und da auf Erden eine Art Fortsetzung der Liebe, bei der jenes habsüchtige Verlangen zweier Personen nacheinander einer neuen Begierde und Habsucht, einem *gemeinsamen* höheren Durste nach einem über ihnen stehenden Ideale, gewichen ist: aber wer kennt diese Liebe? wer hat sie erlebt? Ihr rechter Name ist *Freundschaft*.[248]

Das Paar ist wie ein Garten[249], der geschützt, gepflegt, bestellt werden muss. Es gilt, zu zweit etwas zu schaffen, das »mehr ist« als man selbst und der andere.[250] Selbst exkulpiert, kann die Sexualität dafür nicht genügen. Auch die

---

245 *Also sprach Zarathustra*, I, »Von Kind und Ehe«, Bd. III, S. 332 [siehe oben].
246 *Menschliches, Allzumenschliches*, II, »Vermischte Meinungen und Sprüche«, § 75, Bd. II, S. 767.
247 *Also sprach Zarathustra*, I, »Von Kind und Ehe«, Bd. III, S. 332.
248 *Die fröhliche Wissenschaft*, I, § 14, Bd. II, S. 48. Vgl. auch *Also sprach Zarathustra*, I, »Vom Freunde« (wo Nietzsche erklärt, dass »das Weib noch nicht der Freundschaft fähig« ist, Bd. III, S. 321) und »Von der Nächstenliebe«, Bd. III, S. 324 f.
249 *Also sprach Zarathustra*, I, »Von Kind und Ehe«, Bd. III, S. 332.
250 ebd.

Leidenschaft nicht. Wenn die beiden Liebenden gemeinsam »den bittern Kelch [ihrer] Liebe trinken«, muss in beiden Liebenden eine Art neuen Dursts entstehen, der sie über sich selbst hinausträgt.[251] Dazu sind nur wenige fähig. Keiner kann es von Anfang an. »Auch die Liebe muss man lernen.«[252]

Kant
Von der Sache zur Person

Ohne Rücksicht auf die Chronologie möchte ich diesen raschen Überblick über einige philosophische Theorien der Sexualität mit Kant schließen. Sagen wir, ich habe den strengsten und bittersten – aber auch den düstersten und erhellendsten – Denker für den Schluss aufgehoben.

Kant schneidet das Thema mit der Poesie und Leichtigkeit an, die wir von ihm gewohnt sind: »Geschlechtsgemeinschaft (*commercium sexuale*) ist der wechselseitige Gebrauch, den ein Mensch von eines anderen Geschlechtsorganen und Vermögen macht.«[253] Eine Definition, die ich nie ohne ein leises Lächeln lesen konnte, obwohl sie absolut logisch ist – oder vielleicht gerade deshalb. Ein Punkt, »wo etwas Mechanisches von etwas Lebendigem überdeckt

251 a. a. O., S. 333.
252 *Die fröhliche Wissenschaft*, IV, § 334, Bd. III, S. 194. Vgl. auch *Menschliches, Allzumenschliches*, I, »Der Mensch mit sich allein«, § 601, Bd. II, S. 713, und *Also sprach Zarathustra*, I, »Von Kind und Ehe«, S. 333.
253 *Die Metaphysik der Sitten, Rechtslehre*, I, § 24, »Eherecht«, AA, Bd. 6, S. 277.

wird«, so beschreibt Bergson das Prinzip der Komik.[254] Gelegentlich reizt es auch zum Lachen, wenn das Begriffliche dem Lebenden aufgestülpt wird. Das tut weder der Philosophie noch der Mechanik Abbruch.

Was ist die Geschlechtsneigung? Ein »Appetit«, der »auf den Genuß des anderen Menschen geht«, erwidert Kant.[255] Das ist eine Art Sinn, »den man den sechsten Sinn nennen kann, vermittelst dessen der Mensch ein Genuß vom Appetit des andern ist« und der sich »unmittelbar auf andere Menschen als Objekte seines Genusses« richten kann.[256] Das ist ein einzigartiger Fall. Sich eines anderen zu bedienen, um beispielsweise von seiner Arbeit zu profitieren, ist nichts Besonderes. Aber dann genießt man das Ergebnis seiner Arbeit, nicht ihn selbst (der dann nur ein indirekter Grund der Lust ist). In der Sexualität dagegen ist der andere nicht nur das Mittel, sondern auch das Objekt des Genusses. Deshalb lässt sich auch, so Kant, die Prostitution nicht als ein »Dienst« wie andere betrachten: Sie hat, so gesehen, weniger mit der Gastronomie als mit dem Kannibalismus zu tun.[257] Abgesehen davon, dass die Natur uns keineswegs zur Anthropophagie drängt (die meisten, selbst fleischfressenden, Tierarten scheuen die Homophagie), wohl aber zur Sexualität, denn, so Kant, »[e]s gibt keinen Fall, wo der Mensch schon von Natur bestimmt wäre, ein

254 H. Bergson, *Das Lachen*, Frankfurt a. M., Luchterhand, 1988, S. 33–48.
255 *Eine Vorlesung Kants über Ethik*, »Von den Pflichten gegen den Körper in Ansehung der Geschlechtsneigung«, in: *Kant im Kontext*, hg. v. Karsten Worm und Susanne Boeck, Berlin 2013, Me, S. 204.
256 ebd.
257 a. a. O., Me, S. 205. Vgl. ferner *Rechtslehre*, AA, Bd. 6, S. 359.

Gegenstand des Genusses des anderen zu sein als dieser, wovon die Geschlechterneigung der Grund ist«[258]. Warum diese Neigung? Kants Antwort ist, entsprechend seinen Ausführungen in der *Kritik der Urtheilskraft*, zugleich naturalistisch und teleologisch: »... die Liebe zum Geschlecht [ist] von ihr [der Natur] zur Erhaltung der Art bestimmt.«[259] Für die Menschheit ist sie also das, was die Liebe für das Individuum bedeutet.[260] Verständlich, dass sie so heftig ist: »Die Geschlechtsneigung wird auch Liebe (in der engsten Bedeutung des Worts) genannt und ist in der That die größte Sinnenlust, die an einem Gegenstande möglich ist.«[261] Trotzdem ist sie nicht bloß »sinnliche Lust«. Im vorliegenden Fall ist die Lust umso stärker, als sie nicht aus einer einfachen nützlichen oder ästhetischen Befriedigung erwächst, sondern vielmehr »aus dem Genusse einer anderen Person«[262]. Insofern verfährt die Sexualität umgekehrt wie die Moral, die uns stets sagt: »Handle so, daß du die Menschheit sowohl in deiner Person, als in der Person eines jeden andern jederzeit zugleich als Zweck, niemals bloß als Mittel brauchst.«[263] Isoliert betrachtet, hat das Begehren

---

258 *Eine Vorlesung Kants über Ethik*, »Von den Pflichten gegen den Körper in Ansehung der Geschlechts-Neigung«, a.a.O., Me, S. 204.

259 *Die Metaphysik der Sitten, Tugendlehre*, I, § 7, »Von der wohllüstigen Selbstschändung«, AA, Bd. 6, S. 424. Der Gedanke findet sich auch schon bei Platon, vgl. *Gesetze*, I, 636 c, Bd. 8/I, S. 36–37.

260 ebd., vgl. auch *Muthmaßlicher Anfang der Menschengeschichte*, AA, Bd. 8, S. 112.

261 *Tugendlehre*, I, § 7, »Casuistische Fragen«, AA, Bd. 6, S. 426.

262 ebd.

263 Das ist vielleicht die tiefgründigste Formulierung des »kategorischen Imperativs«: *Grundlegung zur Metaphysik der Sitten*, II, AA, Bd. 4, S. 429.

damit nichts zu tun. Daher die »Schändung«, wenn sich das Begehren von den Zwecken der Natur löst und die Menschheit – im anderen (beim Geschlechtsakt) oder in sich selbst (bei der Masturbation) – als reines Lustobjekt behandelt, oder anders gesagt, wenn »er sich blos zum Mittel der Befriedigung thierischer Triebe braucht«[264]. Perversion? Das kommt vor. Doch das Problem ist tiefer und allgemeiner. Wir begehren nicht eine Person, sondern einen Körper, und weniger den ganzen Körper als das, was an ihm geschlechtlich ist. Das, was die Feministinnen gelegentlich dem männlichen Begehren vorwerfen, gehört laut Kant bei beiden Geschlechtern zum Wesen des Begehrens:

Weil die Geschlechtsneigung keine Neigung ist, die ein Mensch gegen den anderen als Mensch hat, sondern eine Neigung gegen das Geschlecht, so ist diese Neigung ein Principium der Erniedrigung der Menschheit, ein Quell, ein Geschlecht dem anderen vorzuziehen und es aus Befriedigung der Neigung zu entehren. Die Neigung, die man zum Weibe hat, geht nicht auf sie als auf einen Menschen, sondern weil sie ein Weib ist, demnach ist einem Manne die Menschheit am Weibe gleichgültig und nur das Geschlecht der Gegenstand seiner Neigungen. Die Menschheit wird also hier hintenan gesetzt ... Wenn also ein Mann seine Neigungen befriedigen will und ein Weib wiederum die ihrigen, so reizt eines die Neigung des anderen auf sich und beide Neigungen geraten gegeneinan-

---

264 *Die Metaphysik der Sitten*, § 7, AA, Bd. 6, S. 426, vgl. auch *Pädagogik*, AA, Bd. 9, S. 496–498.

der und gehen gar nicht auf die Menschlichkeit, sondern aufs Geschlecht und einer entehrt des anderen Menschheit. Demnach ist die Menschheit ein Instrument, die Begierden und Neigungen zu befriedigen. Dadurch wird sie aber entehrt, und der Tierheit gleich geschätzt. [265]

Lutherische oder kantische Prüderie? Zum Teil sicherlich. Aber in mancherlei Hinsicht wohl hellsichtiger als ein Großteil des angeblich humanistischen und emanzipierten Blödsinns, der heute verzapft wird. Kant sagt, und damit hat er recht: »[D]as Brünstigsein hat mit der moralischen Liebe [derjenigen, die der Person gilt] eigentlich nichts gemein.«[266] Was allerdings nicht heißt, dass sie nicht gemeinsam gelebt werden können,[267] doch die Sexualität ist nicht darauf angewiesen. Die Lust woanders suchen? Sich selbst zum Lustobjekt eines anderen machen?

Das hieße, man macht sich selbst oder den anderen »zu einer Sache, wodurch der andere seinen Appetit stillt, ebenso wie durch Schweinsbraten seinen Hunger«[268]. Folglich ist die Geschlechtsneigung, da sie sich unmittelbar auf einen anderen Menschen bezieht, mit nichts anderem zu vergleichen: Wenn es beim Geschlechtsakt nur um Sex geht,

265 *Eine Vorlesung Kants über Ethik*, a.a.O., S. 206.
266 *Die Metaphysik der Sitten, Tugendlehre*, »Casuistische Fragen«, AA, Bd. 6, S. 426.
267 Ebd.; vgl. auch *Eine Vorlesung Kants über Ethik*, a.a.O., S. 204: »Die Geschlechterneigung kann zwar mit der Menschenliebe verbunden werden und dann führt sie auch die Absicht der Menschenliebe mit sich, allein wenn sie allein und an sich genommen wird, so ist es nichts mehr als Appetit.«
268 *Eine Vorlesung Kants über Ethik*, a.a.O., S. 208.

»ist hier in den Handlungen selbst was Verächtliches, was wider die Moralität läuft«[269]. Daher erklärt Kant zu Recht, dass »man sich scheut, solche Neigung zu haben«[270].

Trotzdem müssen wir damit leben, da die Natur nun einmal so entschieden hat. Das ist die Aporie der Sexualität. Es geht nicht darum, die Sexualität zu beseitigen (die Menschheit würde es nicht überleben), sondern so mit ihr umzugehen, dass sie moralisch akzeptabel ist. Wie das? Wie können wir vermeiden, uns selbst oder einen anderen auf die rein tierische oder sexuelle Dimension zu reduzieren? Durch Enthaltsamkeit? Wohl kaum, da der Geschlechtsakt zur Erhaltung der Art notwendig ist. Vielmehr durch Gleichheit, durch Gegenseitigkeit und durch Achtung, welche uns nicht verbietet, eine Person als Mittel zu verwenden (das geschieht häufig im sozialen Leben), sondern von uns verlangt, den anderen immer auch als Zweck, das heißt, als Person zu sehen.[271] Ich bezweifle sehr, dass das ausreicht, um die Masturbation oder die sexuelle Freiheit zu verurteilen, wie Kant es möchte,[272] aber mich interessiert sehr, was es uns über die Paarbeziehung lehrt oder vielmehr über das, was es in einer solchen Beziehung von den beiden Partnern verlangt. Die sexuelle Vereinigung ist eine Handlung, bei der man »sich gänzlich der thierischen Neigung

---

269 a.a.O., S. 207.
270 a.a.O., S. 206.
271 *Grundlegung zur Metaphysik der Sitten*, II, AA, Bd. 4, S. 429.
272 Allerdings räumt er ein: »Der Vernunftbeweis aber der Unzulässigkeit jenes unnatürlichen… Gebrauchs seiner Geschlechtseigenschaften… ist nicht so leicht geführt« (*Tugendlehre*, »Von der wohllüstigen Selbstschändung«, § 7, AA, Bd. 6, S. 425).

überläßt«[273]; dann kommt es leicht dazu, dass der Mensch behandelt wird wie eine »Sache, wodurch der andere seinen Appetit stillt«[274]. Aber niemand hat das Recht, mit dem anderen – oder sich selbst – umzugehen wie mit einem Tier oder einer Sache. Dieser Widerspruch zwischen Sexualität und Moral lässt sich nur unter einer Bedingung überwinden: dass sich jeder, auch in seinem Sexualleben, an das hält, was das Recht voraussetzt und die Moral verlangt, mit anderen Worten an die Menschlichkeit. Das geht nicht ohne Gegenseitigkeit, und die ist nach Kants Ansicht das Charakteristikum der Ehe:

> Denn der natürliche Gebrauch, den ein Geschlecht von den Geschlechtsorganen des anderen macht, ist ein Genuß, zu dem sich ein Theil dem anderen hingiebt. In diesem Act macht sich ein Mensch selbst zur Sache, welches dem Rechte der Menschheit an seiner eigenen Person widerstreitet. Nur unter der einzigen Bedingung ist dieses möglich, daß, indem die eine Person von der anderen gleich als Sache erworben wird, diese gegenseitig wiederum jene erwerbe; denn so gewinnt sie wiederum sich selbst und stellt ihre Persönlichkeit wieder her… Aus denselben Gründen ist das Verhältniß der Verehlichten ein Verhältniß der Gleichheit des Besitzes, sowohl der Personen, die einander wechselseitig besitzen… als auch der Glücksgüter.[275]

273 ebd.
274 *Eine Vorlesung Kants über Ethik*, a. a. O., S. 208.
275 *Rechtslehre*, § 25 und 26, AA, VI, S. 278.

Dabei sollte diese Apologie der Ehe, die uns heutigen ein Lächeln entlockt, nicht das Wesentliche kaschieren: Unter Liebenden wie unter Eheleuten ermöglichen allein Gleichheit und Gegenseitigkeit den Partnern, sich dem anderen als Sache anzubieten und trotzdem Personen zu bleiben, das heißt, »sich nicht zu entmenschen«[276]. Damit wird eingeräumt, dass dem sexuellen Begehren etwas Unmoralisches oder Unmenschliches (»viehische Beiwohnung«[277], sagt Kant) innewohnt, das menschlicher zu gestalten unsere Aufgabe ist.

Genies sind höchst beeindruckend. Ich bin voller Bewunderung, dass der Verfasser der *Metaphysik der Sitten*, von dem es heißt, er sei jungfräulich gestorben, so deutlich erkennt, wie verwirrend und unklar manche Aspekte der Sexualität sind – diese Tendenz, den anderen zu instrumentalisieren, ihn zu genießen wie ein Objekt, ihn zu verdinglichen, wie Sartre sagen wird, ihn »verbrauchbar« zu machen, wie Kant sagt[278]. Trotzdem ist es schön und sogar möglich, weil der andere eine Person und *keine* Sache ist. Wer wollte ein Objekt verdinglichen? Und wer könnte es? Mir gefällt, dass Kant zu einer Zeit, als das nicht üblich war, in Hinblick auf die Verdinglichung oder den Verbrauch von Anfang an die Notwendigkeit der Gegenseitigkeit betont, der einzigen Garantie für Gleichheit. Das schließt die Poly-

---

276 *Rechtslehre*, »Anhang erläuternder Bemerkungen zu den metaphysischen Anfangsgründen der Rechtslehre«, 3, Bd. 6, S. 359. Vgl. auch *Eine Vorlesung Kants über Ethik*, a.a.O., S. 207 und 209.
277 *Rechtslehre*, »Anhang«, 3, Bd. 6, S. 359.
278 a.a.O., S. 359–360. Dort merkt er auch an, dass die Sexualität in gewissem Sinne »cannibalisch« sei (ebd.).

gamie aus, bemerkt er nebenbei, denn in dieser »gewinnt die Person, die sich weggiebt, nur einen Theil desjenigen, dem sie ganz anheim fällt, und macht sich also zur bloßen Sache«[279]. Gegenseitigkeit und Gleichheit gehören zusammen. Den anderen wie eine Sache zu genießen ist moralisch nur dann hinnehmbar, wenn man sich ihm selber in dem gleichen Ausmaß wie eine Sache überlässt. Sich ihm zu geben ist nur dann hinnehmbar, wenn man ihn genauso empfängt.

Allerdings ist diese Gegenseitigkeit nur für die Moral notwendig, nicht für die Sexualität, was die Vergewaltigung zur Genüge beweist, die Prostitution bestätigt – und die Ehe gelegentlich auch... Den anderen zwingen? Kaufen? Nötigen? Gebrauchen? Das heißt, ihn zum Objekt herabzuwürdigen, das man besitzen kann. Wer träumt nicht manchmal davon? Aber das kann nicht sein und darf nicht sein. Wir können nur eine Sache besitzen, und ein freies Subjekt kann keine sein, »denn Eigenthümer kann ein Mensch nicht einmal von sich selbst, viel weniger von einer anderen Person sein«; er kann von ihr nur den »Nießbrauch«[280] erhalten, das heißt, das Recht, den Körper des anderen zu benutzen und zu genießen, aber nur unter der dreifachen Bedingung der Gleichheit, Gegenseitigkeit und Freiheit. Nur dann ist die sexuelle Beziehung moralisch zu akzeptieren. Koitieren heißt dann, »unmittelbar von dieser Person *gleich als* von einer Sache, doch ohne Abbruch an ihrer Persönlichkeit, als Mittel zu meinem Zweck Gebrauch

279 *Rechtslehre*, § 26, Bd. 6, S. 278, vgl. auch *Metaphysik der Sitten Vigilantius*, AA, Bd. 27, S. 640.
280 *Rechtslehre*, »Anhang«, 3, AA, Bd. 6, S. 359.

zu machen«[281]. Die Hervorhebung »*gleich als*« stammt von Kant selbst. Es ist nämlich sehr leicht, das zu vergessen und den anderen zu begehren, um ihn »gleich als Sache zu *genießen*« (auch hier die Hervorhebung von Kant) oder »sich ihm dazu hin[zu]geben«, wodurch der Geschlechtsakt eine »fleischliche oder viehische Beiwohnung«[282] wird. Eine solche Erniedrigung kann sicherlich die Lust und Erregung steigern, die wir dabei empfinden, aber moralisch akzeptabel ist sie nur »unter der Bedingung der Ehe«[283] oder, wie ich eher sagen würde, unter Gleichen. Fehlen dagegen Gegenseitigkeit, Freiheit und Gleichheit (etwa bei Vergewaltigung, Prostitution und Polygamie), muss eine solche Reduzierung der Sexualität auf ihre tierische Dimension – obwohl sie zu ihrem Wesen gehört – den einen oder den anderen der Partner »entmenschen«[284] oder, anders, seine Würde beeinträchtigen. Halten wir fest, dass die Sexualität – egal, wie amoralisch sie ist, und weil sie es ist – sich beim Menschen nicht über die Moral hinwegsetzen darf. Auch wenn unter erwachsenen und einverstandenen Partnern alles erlaubt sein sollte (was Kant nicht zugesteht, ich aber gerne einräume), erlauben sich die Liebenden keineswegs alles: Jeder der beiden gestattet sich nur das, was der andere gewährt oder verlangt. Insofern ist die Sexualität keine Vergnügung wie andere: In Hinblick auf ihren Ursprung ist sie die tierischste unserer Lustbarkeiten, in Hinblick auf ihr Objekt die menschlichste. Daher die Ergriffenheit der Lie-

281 ebd.
282 ebd.
283 ebd.
284 ebd.

benden, die umso größer wird, je stärker ihre Liebe und Achtung füreinander wächst. Auch ohne Kant gelesen zu haben, wissen sie, dass sexuelles Begehren stets verknüpft ist mit einer gewissen »Erniedrigung des Menschen. Denn sobald er ein Objekt des Appetits des anderen ist, so fallen alle Triebfedern der sittlichen Verhältnisse weg, weil er als ein Gegenstand des Appetits des anderen eine Sache ist, wodurch der Appetit des anderen gestillt wird und die von jedem als solche Sache kann gebraucht werden.«[285] Die Lust verdoppelt sich gewissermaßen. Den anderen wie ein Mittel zum Zweck zu behandeln oder sich ihm darzubieten wie ein Tier oder eine Sache, das ist wunderbar! Es gibt keine unschuldige Sexualität.

So erklärt sich nach Kant auch die Schamhaftigkeit, die die Menschen daran hindert, ohne Umschweife von dem zu sprechen, was sich Eheleute in der Intimität des Schlafzimmers legitimerweise ermächtigen. All das geschieht,

> gleich als ob der Mensch überhaupt sich beschämt fühle, einer solchen ihn selbst unter das Vieh herabwürdigenden Behandlung seiner eigenen Person fähig zu sein: so daß selbst die erlaubte (an sich freilich blos thierische) körperliche Gemeinschaft beider Geschlechter in der Ehe im gesitteten Umgange viel Feinheit veranlaßt und erfordert, um einen Schleier darüber zu werfen, wenn davon gesprochen werden soll.«[286]

285 *Eine Vorlesung Kants über Ethik*, a.a.O., S. 205.
286 *Die Metaphysik der Sitten*, »Von der wohllüstigen Selbstschändung«, § 7, AA, Bd. 6, S. 425, vgl. auch *Pädagogik*, AK, Bd. 9, 496: »Die Natur hat hierüber eine gewisse Decke des Geheimnisses ver-

Selbst in der Ehe bewahrt die Sexualität den Charakter des Unaussprechlichen. Was wäre unentbehrlicher zum Überleben der Art und zum Glück des Individuums! Ein Mensch, der diese Neigung nicht hätte, wäre von »unvollkommener« Art, erklärt Kant, folglich wäre es »eine Unvollkommenheit von ihm als einem Menschen«.[287] In gleichem Maße aber wäre er unempfänglich für die Schande oder die Scham – mit anderen Worten, für die Befangenheit –, die diese Neigung in ihm hervorruft. Da ereignet sich Wesentliches, eine stets instabile Spannung, die aus der körperlichen Liebe das macht, was sie ist: die zwiespältigste und aufwühlendste unserer Vergnügungen, die umso reizvoller ist, als sie uns jedes Mal ein wenig mehr aufwühlt. Das hat nichts mit der »moralischen Liebe« zu tun, konstatiert Kant, »wiewohl sie mit der letzteren ... in enge Verbindung treten kann«[288]. Das ist das Paradoxon der Paarbeziehung und vielleicht der Liebe überhaupt. Weder schuldig noch unschuldig, sondern gewalttätig und sanft, leidenschaftlich und tugendhaft, tierisch und menschlich – »Brünstigsein«, wie Kant sagt[289], und Achtung. Daher ist sie so kompliziert, so stark und so wollüstig. Gegenseitigkeit und Gleichheit sind moralisch einklagbar und sexuell zweitrangig – für manche Menschen sogar störend oder langweilig. Was einmal mehr bestätigt, dass die Sexualität selbst keine

breitet, als wäre diese Sache etwas, das dem Menschen nicht ganz anständig und blos Bedürfniß der Thierheit in dem Menschen ist.«
287 *Eine Vorlesung Kants über Ethik*, a. a. O., S. 206.
288 *Tugendlehre* [der gleiche Fall wie die »Rechtslehre«], I, § 7, »Casuistische Fragen«, AA, Bd. 6, S. 426.
289 ebd.

Moral kennt. Das erlegt uns in unserem Sexualleben die Pflicht auf, doch eine zu haben. »Hemmungsloser Genuss«? Das ist die Maxime des Vergewaltigers, wie sich bei Sade zeigt, der seine Opfer fesselt. Oder die der emanzipierten Liebenden, wo sie allerdings nur zulässig ist unter der Bedingung der Gleichheit, die sich als hinreichende Fesselung erweist.

Sogar in einer libertinären Paarbeziehung (und wäre sie selbst, wie Kant es will, durch eine Eheschließung besiegelt!) verringert sich die Spannung zwischen Moral und Sexualität nicht. Es kann uns Lust bereiten, den Menschen, der sich freiwillig hingibt oder zur Verfügung stellt, zu unterwerfen, zu beherrschen, zu benutzen, ihm gelegentlich sogar Gewalt anzutun, kurzum, wie ein Objekt zu behandeln – aber lustvoll ist das nur, weil es sich um ein Subjekt handelt, das wir nur in dem Maße dominieren wollen, in dem wir es frei wissen.[290] Manche gewinnen Lust aus der Erniedrigung des anderen; aber sie können es nur genießen, weil sie ihm, sogar während sie ihn schänden, seine Würde zubilligen. Wie erniedrigt man eine aufblasbare Puppe? Verdinglicht man einen Dildo? Entweiht man eine Sache? Verdinglichen kann man nur eine Person, erniedrigen nur einen Verstand, ein Bewusstsein, entweihen nur das Heilige. Nur ein Mensch kann seine eigene Tierheit – oder die des anderen – genießen. Vielleicht ist das das Geheimnis der Erotik.

---

290 Was Sartre (in Anlehnung an Alain) sehr schön gezeigt hat: *Das Sein und das Nichts*, III, Kap. 3, 1, *Gesammelte Werke in Einzelausgaben, Philosophische Schriften*, Bd. III, Reinbek, Rowohlt, S. 638–663.

Die Erotik

Weder die Sexualität noch der Tod ist eine Eigentümlichkeit des Menschen. Doch nur die Menschen scheinen sich Gedanken über die Probleme der Sterblichkeit und Sexualität zu machen. Daraus entstanden die Religionen und die Moral, die Metaphysik und die Erotik.

Zweifellos gibt es einen Zusammenhang zwischen Erotik und Moral. Die Sexualität konfrontiert uns mit dem anderen, in seiner intimsten, zerbrechlichsten, nacktesten Erscheinungsform; in dieser Beziehung zum anderen findet im Wesentlichen die Moral statt. Ich empfand es immer als sehr zweifelhaft und schwer zu begründen, dass wir Pflichten uns selbst gegenüber haben. Aber dass wir anderen gegenüber in der Pflicht sind und dass ihnen gegenüber nicht alles erlaubt sein kann, ist eine unbestreitbare Tatsache, mit der die Moral beginnt und die Unschuld endet.

Es gibt in der menschlichen Sexualität so etwas wie einen blinden Fleck: die Tatsache, dass man sich den anderen wie eine Sache aneignen möchte (und dass sein Körper tatsächlich eine, wenn auch beseelte, Sache ist), wobei wir zugleich wissen, dass er *keine* ist oder nicht nur oder nicht vor allem – sonst wäre sein Besitz nicht im mindesten erotisch. Naivität in diesem Bereich ist genauso lächerlich wie Verteufelung. Die Sexualität verdammen? Das hieße sich selbst, die ganze Menschheit und vielleicht sogar alles Leben verdammen. Aber sollen wir sie deshalb nur als angenehmen Zeitvertreib betrachten? »Aber wie kam es dahin«, fragt Diderot, »daß ein Akt, dessen Ziel so erhaben ist und zu dem uns die Natur durch die stärkste Lockung auffordert, daß dieses größte, köstlichste und harmloseste Vergnügen die ergiebige Quelle unserer Verderbtheit und Übel bildete.«[291] Weil das Ziel meist ganz und gar nicht erhaben ist (Diderot denkt an die Fortpflanzung, aber die ist, von Ausnahmen abgesehen, kaum jemals der Zweck, den die Liebenden im Sinn haben) und weil die Lust in diesem Fall gar nicht so unschuldig ist, wenn sie etwas als Objekt genießt (den Körper eines anderen), was keines sein kann. In diesem Fall sprechen wir von Pornographie, die das Begehren in Versuchung führt oder zur Karikatur verzerrt.

Vergewaltigung, Prostitution, Pornographie

Tippen Sie auf einer beliebigen Suchmaschine »Sex« ein, und schauen Sie, was Ihnen das Internet fast ausschließlich anbietet: unzählige Pornoseiten, in endloser Abfolge, umsonst oder kostenpflichtig, von Professionellen oder Amateuren (oder angeblichen Amateuren), alle verschieden, alle gleich, alle sich wiederholend und daher umso deprimierender für einen etwas raffinierteren Betrachter, den das nicht ganz kalt lässt... Zunächst ist man bestürzt über die

---

291 Diderot, *Nachtrag zu »Bougainvilles Reise«*, Frankfurt, Insel, 1965, S. 62; vgl. auch S. 28 (»eines harmlosen Vergnügens«).

extreme Rohheit und darüber, wie etwas Gewagtes auf erstaunliche Weise banalisiert, kommerzialisiert, stereotypisiert wird. Die Pornographie ist wie das Meer, sie wiederholt sich immer von neuem: die gleichen Gesten, oft in der gleichen Reihenfolge, die gleichen Zärtlichkeiten, die gleichen Stellungen, die gleichen Einstellungen, die gleichen Wörter, wenn überhaupt gesprochen wird, das gleiche Stöhnen oder Keuchen… Dann die Vulgarität, Gemeinheit und Widerwärtigkeit. Anfangs ist das faszinierend, geben wir es zu. Dann wird es erschreckend, verstörend, deprimierend. Ohne Liebe hat die Sexualität eine bestürzende Ähnlichkeit mit dem Hass! Wie viel Verachtung, Brutalität, oft auch Gewalttätigkeit, wie groß der Wunsch, den anderen (fast immer die Frau) zu entmenschlichen, zu erniedrigen, zu unterwerfen, zu demütigen, zu beschmutzen, zu entwürdigen! Alles nur Kino? Nicht ganz, denn diese Szenen sind im Hardcore-Genre durchaus real.[292] Und selbst wenn sie es nicht wären: Würden wir einen rassistischen Film widerspruchslos akzeptieren, nur weil die Opfer von freiwilligen Schauspielern dargestellt würden? Ganz sicher nicht. Bei der Pornographie hingegen und bei dem Sexismus, den sie fast immer transportiert, gehen die Reaktionen selten über gelangweilte oder amüsierte Herablassung hinaus. Das zeigt, welch privilegierten Status die Sexualität

292 Zu den Problemen und Schrecken, die daraus resultieren, vgl. das bestürzende und erhellende Buch von Frédéric Joignot (selbst ein Porno-Fan, der sich aber weigert, hinzunehmen, was nicht hinzunehmen ist): *Gang bang, Enquête sur la pornographie de la démolition*, Seuil, 2007. Zu der Beziehung zwischen Pornographie und Frauenfeindlichkeit vgl. Nancy Huston, *Mosaïque de la pornographie*, 1982, Nachdr.: Petite Bibliothèque Payot, 2007.

heute erworben hat: Sie genießt eine Art ethischer Exterritorialität. Nachdem die Sexualität mehrere Jahrhunderte lang mit Schuldgefühlen befrachtet wurde, sind wir jetzt seit einigen Jahrzehnten in eine Phase der Exkulpation eingetreten. Ich halte das für einen Fortschritt, dessen Ambivalenz uns aber durch die Pornographie vor Augen geführt wird. Die Existenz dieser Filme, ihr Überangebot und ihr Erfolg im Netz trotz ihrer fast beabsichtigten Mittelmäßigkeit sind gesellschaftliche Gegebenheiten, die einen Ausschnitt des Zeitgeistes widerspiegeln. Perversion? Vielleicht. Aber so beliebt, so verbreitet, so banal, dass sie uns wohl trotz allem etwas über die alltägliche Sexualität verraten. Wie die Vergewaltigung oder die Prostitution. Sie meinen, diese beiden Praktiken seien Ausnahmen? Gewiss, aber gemessen an unserer Gesellschaft (die Schätzungen schwanken zwischen 50 000 und 75 000 Vergewaltigungen pro Jahr in Frankreich; und wie viele Millionen Freier sind es, die Prostituierte aufsuchen?) sind sie viel zu zahlreich, als dass darin lediglich etwas krankhafte Abweichungen oder einfach eine Manifestation unserer zahlenfixierten oder profitsüchtigen Zeit erblickt werden könnte – schließlich sind entsprechende Verhaltensweisen seit der Antike für die meisten Zivilisationen dokumentiert. Ist der edle Wilde von Diderot mit seiner friedlich und frei gelebten Sexualität nicht einfach ein Mythos? Ich weiß es nicht. Aber wir haben ihn mit Sicherheit schon lange hinter uns gelassen. Die Lokalnachrichten, die Soziologie und die Medien zeigen es uns zur Genüge. Wir wollen nicht schwarzmalen, aber auch nicht beschönigen.

Gibt es, so gesehen, einen Unterschied zwischen Männern und Frauen? Das ist eine empirische Frage, auf die die Wissenschaft eines Tages sicherlich besser als die Philosophie wird antworten können. Bis dahin muss sich jeder mehr oder weniger seine eigene Theorie bilden anhand dessen, was er in seinem eigenen Leben beobachtet oder verstanden zu haben glaubt, und anhand dessen, was er – beispielsweise aus Büchern – über das Leben anderer weiß… Pornofilme werden, selbst wenn Frauen sie gedreht haben, überwiegend und begieriger von Männern angesehen. Sie werden manchmal von Frauen und Männern geschaut? Gewiss. Aber die Frauen messen dem nicht so viel Bedeutung bei (in einer Frauenzeitschrift las ich einen Rat an die Leserinnen: »Witzeln Sie nicht zu viel, wenn Sie mit Ihrem Freund oder Mann einen Pornofilm sehen: Schauen Sie nur, wie ernst er ist!«). Vergewaltigungen werden – schon aus physiologischen Gründen – fast ausschließlich von Männern begangen. Die Prostitution – egal, ob männlich oder weiblich – findet weit mehr Freier als Freierinnen (und ein Callboy hat einen anderen Beruf als eine Prostituierte: Er muss reden, begleiten, den Hof machen…). Inwieweit diese Unterschiede der Kultur oder der Natur geschuldet sind (wahrscheinlich beiden), kann heute niemand genau bestimmen. Das ist kein Grund, sie zu leugnen. Nach meinem Eindruck scheint ein häufiger Unterschied zwischen Männern und Frauen darin zu liegen, dass sie die Bedeutung von Sexualität und Gefühlen je anders bewerten oder sogar die Mittel-Zweck-Beziehung entgegengesetzt sehen: Für Männer steht die Liebe häufig im Dienst der Sexualität, während es sich bei vielen Frauen offenbar umgekehrt verhält. Vor einigen Jahren habe ich in meinem Freundeskreis Männer und Frauen gefragt, was ihnen lieber sei: eine Liebesgeschichte ohne Sex oder eine Sexgeschichte ohne Liebe? Fast alle erklärten, ihnen sei beides zugleich am liebsten. Aber gezwungen, sich zu entscheiden, haben mir alle Männer ohne Ausnahme erklärt, sie würden eine Sexaffäre ohne Liebe vorziehen. Und alle Frauen entschieden sich mit einer Ausnahme für eine Liebesgeschichte ohne Sex… Auch wenn diese kleine Umfrage nicht repräsentativ ist, traue ich ihrem Ergebnis. Allerdings hat sie mir zu denken gegeben und mich nebenbei auch über mich selbst aufgeklärt (ich war in dieser Frage entschieden männlich). Es heißt, die Männer seien, um mit einer Frau zu schlafen, zu allem bereit, sogar zu lieben. Und die Frauen seien, um zu lieben und geliebt zu werden, zu allem bereit, sogar mit einem Mann zu schlafen… Eine überspitzte Formulierung, gewiss, aber sicherlich ist etwas Wahres dran. Das könnte übrigens sowohl den Erfolg von Paaren erklären (jeder Partner hat etwas von der Beziehung) wie auch ihre Schwierigkeiten (die Asymmetrie der Bedürfnisse bleibt).

Das sind lediglich zweifelhafte und anfechtbare Verallgemeinerungen. Wenn Diskussionen zu den Freuden des Lebens gehören, so zeigt diese, die viele unserer Gespräche belebt, vor allen Dingen, dass die Sexualität im Allgemeinen und die Geschlechterdifferenz im Besonderen noch immer Geheimnisse bergen. Dagegen sind Vergewaltigung, Prostitution und Pornographie Fakten: Keine wahrheitsgetreue Darstellung der Erotik kann diese drei (leider sehr realen!) Möglichkeiten außer Acht lassen, die uns etwas sehr Wichtiges über die Sexualität mitteilen – jedenfalls über die männliche Sexualität. Und was? Dass sie kaum etwas mit Liebe zu tun hat (zwar ist nach Freud alle Liebe sexuell, aber das beweist nicht, dass auch alle Sexualität liebevoll ist). Genauso wenig hat sie mit Achtung oder Moral zu tun, es sei denn durch Erziehung oder das bestehende und verinnerlichte Gesetz sowie – da jedes Gesetz gebrochen werden kann – durch Verstoß oder Übertretung. Nehmen Sie Sade, Bataille, Pauline Reage… Nehmen Sie die Pornofilme, ich komme darauf zurück, und ihre Millionen Zuschauer. Wer kann glauben, dass es sich da nur um abartiges und pathologisches Verhalten handelt? Welche angeblich natürliche oder normale Sexualität wird dabei vorausgesetzt und als Bezugspunkt genommen? Man könnte ebenso gut glauben, wie Freud ausführt, dass die Perversion auf der Ebene des Individuums der Urzustand der Sexualität ist (»das Kind… polymorph pervers«) und dass der Perverse in diesem Zustand gefangen bleibt – man denke an die Neurose, nur dass diese ins Negative gewendet ist. Die anderen entgehen der Perversion – zumindest teilweise – allein durch Verdrängung, Sublimierung oder die Liebe.[293] Bezeichnen wir im Übrigen nach herkömmlichem oder Freud'schem Verständnis »eine Sexualbetätigung« als pervers, »wenn sie auf das Fortpflanzungsziel verzichtet hat und die Lustgewinnung als davon unabhängiges Ziel ver-

---

293 Um in sehr groben Zügen das »Resümee« zu resümieren, das uns Freud selbst gibt: *Drei Abhandlungen zur Sexualtheorie*, *G. W.*, Bd. 5, S. 27 ff. (Zitat unter anderem auf S. 91). Über die Beziehung zwischen Perversion und Sublimierung vgl. auch »Die kulturelle Sexualmoral und die moderne Nervosität«, *G. W.*, Bd. 7, S. 141 ff.

folgt«[294], müssen wir daraus schließen, dass jede Erotik fast definitionsgemäß pervers ist und dass der Begriff daher bei weitem die, im Übrigen fließenden, Grenzen der Psychopathologie weit überschreitet. Wenn der Perverse selbst das Gesetz voraussetzt, gegen das er sich auflehnt, wie Lacan zu Recht feststellt,[295] wenn die geglückte »Übertretung [Transgression]... das Verbot aufrechterhält, und zwar um es zu genießen«, wie Bataille meint,[296] wer von uns wäre dann in seinem erotischen Leben nicht zumindest zeitweise pervers? Ohne Gesetz gäbe es keine Perversion? Gewiss, aber auch keine Menschheit und keine Erotik.

Erotik und Transgression

Was ist Erotik? Georges Bataille antwortet: die sexuelle Betätigung eines oder mehrerer Menschen, sofern sie »ein von dem natürlichen Zweck der Fortpflanzung... unabhängiges Streben« ist.[297] Eine höchst unvollständige Definition, wie wir sehen werden, die aber zumindest eines der unbestreitbaren Merkmale ihres Gegenstands hervorhebt: Die Erotik

294 Sigmund Freud, *Vorlesungen zur Einführung in die Psychoanalyse*, III, Kap. 20, »Das menschliche Sexualleben«, *G. W.*, Bd. II, S. 327. Vergessen wir nicht, dass die Worte »pervers« und »Perversion« von Freud rein deskriptiv gemeint sind, von einer »vorwurfsvollen Verwendung des Namens« kann also keine Rede sein, vgl. *Drei Abhandlungen...*« I, 3, »Allgemeines über alle Perversionen«, *G. W.*, Bd. 5, S. 59 ff. (Zitat S. 60).

295 Jacques Lacan, »Kant avec Sade«, *Écrits*, Seuil, 1966, S. 765–790.

296 Georges Bataille, *Der heilige Eros*, Frankfurt a. M., Ullstein, 1979, Kap. I, S. 34–35.

297 a.a.O., Einführung, S. 10.

beginnt, wenn die Sexualität aufhört, ein Mittel im Dienst der Fortpflanzung zu sein, und zum Selbstzweck wird, wenn wir mit jemandem aus Freude an der Sache Sex haben und nicht, um Kinder zu zeugen. Also ein notwendiges, aber kein hinreichendes Merkmal. Als Beweis würde mir genügen, dass eine solche Definition, wenn wir uns mit ihr zufriedengeben müssten, nicht die verschiedenen Grade der Erotik erklärt, die jedoch, so wie wir sie erleben, zu ihrem Wesen gehören. Nicht alle sexuellen Verhaltensweisen sind gleichwertig, mögen sie auch, etwa durch Verhütungsmittel, von jedem Fortpflanzungszweck entbunden sein: Sie sind erotisch nicht von gleicher Wirkung. Wenn ferner die Erotik, wie Bataille erläutert, »die sexuelle Aktivität des Menschen ist, insoweit sich diese Aktivität von der der Tiere unterscheidet«[298], dann ist es äußerst zweifelhaft, dass der bloße Fortfall des reproduktiven Zwecks zu ihrer Definition genügt: Nichts beweist oder lässt es auch nur wahrscheinlich erscheinen, dass sich Tiere beim Koitus Gedanken über ihre Nachkommenschaft machen.

Es muss also noch etwas anderes geben. Die sexuelle Betätigung von Menschen ist nicht unbedingt erotisch, selbst wenn sie dabei keinen Gedanken an die Fortpflanzung verschwenden; sie ist es nur dann, meint Bataille, wenn sie »nicht einfach rudimentär«, »nicht einfach animalisch ist«[299] oder sich nicht auf den »tierischen Mechanismus«[300] beschränkt. Das setzt mehr voraus als nur den Fortfall der Fortpflanzung als Zweck. Ich würde eher sagen, die Erotik

298 a.a.O., Kap. I, S. 25.
299 a.a.O, S. 25.
300 a.a.O., Kap. XI, S. 125.

beginnt, wo die Physiologie endet: Wenn wir mit jemandem schlafen aus Freude an der Sache und nicht um Kinder zu zeugen, gewiss, aber *auch nicht*, so möchte ich hinzufügen, um des einen Lusterlebnisses willen (des Orgasmus), *das wir davon erwarten.* Eine sexuelle Beziehung ist nur dann wirklich erotisch, wenn es um mehr geht, als nur »eine Nummer zu schieben«, wie es vulgär heißt, oder, um mit Montaigne zu sprechen, das »Entleeren der Hoden«. Deshalb hat die Erotik, wie Bataille sehr wohl weiß,[301] mehr mit Psychologie zu tun als mit den reinen Organfunktionen; und mit dem Begehren, von dem ich mehr halte als von der Lust. Ich werde darauf zurückkommen. Natürlich gibt es einen Zusammenhang zwischen Erotik und Fleischeslust. Trotzdem ist die Erotik ein ausschließlich geistiges Vergnügen.

Genauso scharfsinnig erläutert Bataille einen anderen wichtigen Punkt: die Rolle der Transgression in der Erotik, also auch die Rolle des Verbots (oder die Rolle des Verbots und damit die der Transgression). Darauf müssen wir etwas näher eingehen.

Wo liegt der Hauptunterschied zwischen der tierischen und unserer Sexualität? In dem Gesetz: dem Verbot und damit auch der Sprache.[302] Das trennt uns unwiderruflich

301 a.a.O., Einführung, S. 10.
302 a.a.O., II, 6, S. 252–253: »Zuallererst unterscheidet sich die Erotik von der Sexualität der Tiere darin, dass die menschliche Sexualität durch Verbote eingeschränkt ist und dass die Erotik im Bereich der Übertretung jener Verbote liegt. Das Begehren in der Erotik ist ein Begehren, das über das Verbot triumphiert. Es setzt eine Opposition des Menschen gegen sich selbst voraus«, weshalb die Erotik die »dem Menschen eigene Sexualität, [die] Sexualität eines mit Sprache begabten Wesens« ist.

von der Natur, ohne uns aus ihr zu vertreiben (mit dem Körper bleiben wir in ihr verankert). Die Erotik entfaltet sich ganz in dieser Dualität, in diesem unglaublichen Drinnen-und-Draußen, das für uns alle unsere Menschlichkeit ausmacht. Wir sind moralische Tiere, ob wir es wollen oder nicht. Deshalb wird der Liebesakt für uns niemals ganz natürlich sein. Insofern sind wir auch erotische Tiere. Daher müssen »wir in der unentwirrbaren Verbindung des sexuellen Vergnügens mit dem Verbot das Wesen der Erotik erblicken«.[303] Erotik »wird ihrem Wesen nach zur Übertretung«[304], zu einem »Verstoß gegen die Regel der Verbote«[305]. Daraus folgt, dass es in der Erotik Abstufungen gibt. Je ernster oder gewagter die Transgression, desto erotischer der Akt. So entwickelt und kompliziert sich die Erotik »von Grad zu Grad«, in dem Maße, wie sich der »Übertretungs-Charakter verschärft«[306]. Zweifellos entspricht das, zumindest teilweise, unserer Erfahrung. Aber nur teilweise. Denn in diesem Fall – und damit sind wir bei den Phantasien, die Bataille in seinen Romanen ausbreitet – wäre nichts erotischer als der Mord oder die Folter. Und so betrachtet, wäre auch jede Vergewaltigung erotischer als die köstlichste, raffinierteste und liebevollste Liebkosung, die freiwillig und einverständlich erwiesen wird. Damit bekommt die Gewalttätigkeit eine ungeheure Bedeutung und wird zu der Gegebenheit, »die ihre [der Erotik] Wahrheit

303 a.a.O., Kap. IX, S. 104.
304 ebd.
305 a.a.O., S. 90.
306 a.a.O., S. 106.

ist«[307]. Das gilt auch für den Tod, der (durch den Mord oder das Opfer) zur äußersten Konsequenz der Gewalt wird.[308] Daran lässt Bataille keinen Zweifel aufkommen: »Der höchste Sinn der Erotik ist der Tod«[309]; daher »verstärkt das Entsetzen die Anziehung«[310]. Dazu liefert er in seinen Romanen krasse oder ermüdende Bilder, die er selbst offenbar besonders erotisch findet, die mich aber eher kalt lassen...

Über Geschmack lässt sich bekanntlich nicht streiten. Aber über Abgeschmacktheit, oder richtiger, über Ekel und Schrecken? Betrachten wir beispielsweise *Histoire de l'œil*, Batailles ersten Roman. Am Ende des Buchs zwingen drei der Hauptfiguren (die ergreifendste – Marcelle – hat sich da schon aufgehängt) einen katholischen Priester, in einen Abendmahlskelch zu pinkeln und ihn auszutrinken. Nachdem sie ihn erdrosselt haben (wobei sie selbstverständlich mit ihm koitieren oder ihn vielmehr vergewaltigen), reißen sie dem Leichnam ein Auge heraus, das sich Simone, die überlebende weibliche Hauptfigur, gierig in die Vulva stopft...[311] Transgressionen in rasender Folge und

---

307 a.a.O., II, 2, S. 186 (in einer Studie, die nicht zufällig dem Marquis de Sade gewidmet ist).

308 Vgl. im genannten Buch die Kapitel VII (»Der Mord und das Opfer«), VIII (»Vom religiösen Opfer zur Erotik«) und IX (»Die sexuelle Plethora und der Tod«). Siehe ferner die Studie V (»Mystik und Sinnlichkeit«), wo es heißt, dass »die Nachbarschaft des Todes... das Zeichen jeder Sinnlichkeit ist, auch der von Zärtlichkeit verwandelten« (S. 238).

309 a.a.O., Kap. XIII, S. 141.

310 a.a.O, II, 7, S. 263.

311 »Die Geschichte des Auges«, *Das obszöne Werk*, Reinbek, Rowohlt, 1972, S. 67–81.

extremster Form, die auf Bataille, wenn wir den Kommentaren des Erzählers Glauben schenken dürfen, äußerst erregend wirken. Das sei ihm unbenommen, solange es sich nur um Literatur handelt. Doch ich denke, ich bin nicht der Einzige, der diese Szenen eher abstoßend findet. Jeder Liebhaber erotischer Literatur könnte tausend Texte nennen, die weit erotischer sind als dieser, obwohl die Transgressionen unendlich geringer sind. Was lässt sich anderes daraus schließen, als dass die Transgression allein die Erotik weder definieren noch quantifizieren kann? Im Übrigen sind viele Transgressionen frei von jeglicher Erotik (beispielsweise werden die meisten Morde aus ganz anderen Gründen begangen); und viele unserer erotischsten Nächte haben nichts mit Mord zu tun (was sich von selbst versteht), aber auch kaum, noch nicht einmal in der Phantasie, mit Vergewaltigung, Misshandlung oder irgendeiner anderen extremen Transgression. Das widerlegt Bataille und Sade: Wenn die Transgression ein Teil der Erotik ist, reicht sie bei weitem nicht aus, um deren Inhalt und Reiz erschöpfend zu definieren. Also muss es auch hier noch etwas anderes geben. Dass alle Erotik transgressiv ist, zumindest teilweise (und wenn nur wegen »jenes vagen Verbotes, das der Paarung das Mal der Schande verleiht«[312]), beweist nicht, dass die Transgression die Erotik restlos oder auch nur hauptsächlich erklärt.

312 *Der heilige Eros*, a. a. O., Kap. x, S. 107.

Wir brauchen also eine andere Definition. Hier mein Vor-schlag: Erotik ist die sexuelle Betätigung eines oder mehre-rer Menschen, insofern sie sich selbst zum Zweck hat – was voraussetzt, dass es ihr um anderes als die Fortpflanzung geht, was sich von selbst versteht, aber auch um anderes als den Genuss des Orgasmus (der meist das *Ende* der sexuel-len Aktivitäten bedeutet, und nicht deren *Ziel*). Die Erotik stellt so etwas wie eine Reflexivität des Begehrens her, die sich selbst zum Objekt macht, aber fast immer in Beziehung zum Begehren des anderen erlebt wird: Das heißt, dass man es eher genießt, zu begehren und begehrt zu werden, als den Orgasmus zu erreichen (selbst wenn diese beiden Dimen-sionen, wovon sich jeder empirisch überzeugen mag, neben-einander existieren und sich gegenseitig verstärken). Das Begehren der Liebenden in der erotischen Begegnung oder dasjenige des Konsumenten erotischer Texte und Filme wird zum Selbstzweck: Es strebt weniger nach Befriedigung (dem Orgasmus) als nach seiner Fortdauer, seiner Überstei-gerung, der Freude an sich selbst. Eine sexuelle Beziehung ist erotisch, habe ich oben gesagt, wenn die Liebenden aus Freude an der Sache Sex haben und nicht, um Kinder zu zeugen. Allerdings ist hinzuzufügen: und auch nicht einfach um der Liebe willen (was auch sein kann) oder um der er-warteten Lust (des Orgasmus) willen. Die Erotik ist weni-ger die Kunst, Lust in diesem Sinne zu genießen, als die Kunst zu begehren, Begehren zu stiften und letztlich das Begehren selbst – das eigene und das des anderen – zu genie-ßen, um eine raffiniertere oder dauerhaftere Befriedigung zu

erlangen. Das heißt, man liebt sich selbst als den Begehren-
den und den anderen als den so sehr Begehrten!

Auf diese Weise führt uns die Erotik über das Lustprinzip hinaus: Es geht nicht darum, »eine unlustvolle Spannung«[313] zu verringern oder zu beseitigen, sondern ganz im
Gegenteil eine angenehme und wunderbare Spannung aufrechtzuerhalten oder zu verstärken! Das möchte ich im Gegensatz zu Freuds »Konstanz-« oder »Nirwanaprinzip«[314]
als *Inkonstanz-* oder *Samsaraprinzip* bezeichnen: das Bestreben, die Erregungszustände, die die Sexualität uns gewährt oder aufzwingt, beizubehalten, zu variieren oder zu
verstärken (statt sie zu verringern, einzudämmen oder zu
beseitigen). Und wenn es wahr ist, wie Freud sagt, dass
das Nirwana- und Konstanzprinzip (und damit auch das
Lustprinzip[315]) »im Dienste der Todestriebe zu stehen
scheint«[316], ist daraus zu schließen, dass die Erotik dem Le-

---

313 Freud, »Jenseits des Lustprinzips«, I, *G. W.*, Bd. 13, S. 3.
314 Er sei zu der Überzeugung gekommen, »[d]aß wir als die herr-
schende Tendenz des Seelenlebens, vielleicht des Nervenlebens
überhaupt, das Streben nach Herabsetzung, Konstanterhaltung,
Aufhebung der inneren Reizspannung erkannten«. (a.a.O., S. 60).
Zum Konstanzprinzip vgl. auch a.a.O., S. 5. Zur Übereinstimmung
(die keine wirkliche Identität ist) zwischen diesen beiden Prinzipien
vgl. die erhellenden Kommentare von Laplanche und Pontalis in:
Vocabulaire de la psychanalyse, PUF, 1981, S. 325–332.
315 Denn dieses »leitet sich aus dem Konstanzprinzip ab«: »Jenseits des
Lustprinzips«, I, *G. W.*, Bd. 13, S. 5.
316 Freud, a.a.O., S. 69. Eine ähnliche Formulierung findet sich in der
Schrift »Das ökonomische Problem des Masochismus«: »... das Nirwanaprinzip drückt die Tendenz des Todestriebes aus«, *G. W.*,
Bd. 13, S. 373. Wie ich an anderer Stelle zum Ausdruck gebracht habe,
erscheint mir dieser Gedanke seit jeher gedankentief und zweifelhaft: vgl. meinen Artikel »En lisant Freud«, *Le Goût de vivre*, Albin
Michel, 2010, S. 169–173.

benstrieb dient – weil der bestrebt ist, die Erregbarkeit des psychischen Apparats auf einem möglichst hohen und vielfältigen Niveau zu halten.[317] Trotzdem hat Freud recht, wenn er feststellt, »daß die größte uns erreichbare Lust, die des Sexualaktes, mit dem momentanen Erlöschen einer hochgesteigerten Erregung verbunden ist«[318].

Der Orgasmus steht jedem zur Verfügung, selbst wenn man allein ist. Was die Masturbation beweist, die man sich auf keinen Fall verbieten sollte. Gibt es ein natürlicheres, legitimeres und gelegentlich auch heilsameres Vergnügen? Dennoch ist es, von Ausnahmen abgesehen, nur ein Notbehelf: besser als nichts, aber mangels Besserem. Wer von uns wollte sich, hätte er die Wahl, damit zufriedengeben? Was könnte weniger erotisch sein als die allein praktizierte Onanie (wenn sie nicht von Phantasien begleitet wird)? Das ist der kürzeste Weg zur Lust, während nur die Umwege erotisch sind. Trotzdem bleibt jede Masturbation ein Geschlechtsakt, egal, wie angenehm oder enttäuschend er ist, ohne indessen die Chance zu haben, wirklich erotisch zu werden, wenn er sich nicht dem Blick oder der Hand des anderen darbietet – eher zur Steigerung des Begehrens denn als Mittel zur Lust. Gleiches gilt für den Koitus und die Liebkosungen, die ihm vorausgehen oder ihn ersetzen: Sie

317 »Das Lustprinzip ist dann eine Tendenz, welche im Dienste einer Funktion steht, der es zufällt, den seelischen Apparat überhaupt erregungslos zu machen, oder den Betrag der Erregung in ihm konstant oder möglichst niedrig zu erhalten« – eine Tendenz, »die Anteil hätte an dem allgemeinsten Streben alles Lebenden, zur Ruhe der anorganischen Welt zurückzukehren« (Freud, »Jenseits des Lustprinzips«, *G. W.*, Bd. 13, S. 67–68).
318 ebd.

sind umso erotischer, je mehr sie sich auf die Fortdauer des Begehrens als auf dessen Befriedigung richten. Die Gastronomie beginnt, wenn die Nahrung etwas anderes als die Sättigung bezweckt. Und die Erotik beginnt, wenn sich das Begehren auf andere Dinge richtet als die eigene Befriedigung. Sie ist weniger dem Lustprinzip unterworfen, das auf die »Herabsetzung dieser Spannung«[319] abzielt, als einem Begehr-Prinzip, wie ich es nennen möchte, das danach strebt, diese Spannung aufrechtzuerhalten oder zu verstärken. Das hebt das Lustprinzip nicht auf (die Entspannung, das heißt, der Orgasmus oder der Tod, hat das letzte Wort – oder das letzte Schweigen), zögert seine Anwendung aber lustvoll hinaus. Man unterhält das Feuer, statt auf seine Auslöschung zu drängen: genießt das Begehren mehr und länger als die Lust, die das Begehren abschafft, indem sie es befriedigt. Es ist wie eine Ausnahme, die die Regel bestätigt: Jeder Mensch sucht so viel Lust und so wenig Leid wie möglich (Lustprinzip), auch indem er – manchmal bis an die Schmerzgrenze – diese Neigung selbst genießt (Begehr- oder Inkonstanzprinzip), die ihm dann wertvoller erscheint als das »Endergebnis«, in das dieses Bestreben »mündet«[320]. Das Begehren der Lust ist in der Erotik bereits eine Lust – sicherlich weniger intensiv, aber gelegentlich genussreicher als der Orgasmus selbst.

René Char hat uns für die Poesie eine der einfühlsamsten Definitionen (oder besser: Beschreibungen) geliefert, die ich kenne: Sie ist »die verwirklichte Liebe der Sehnsucht

319 Freud, a. a. O., S. 3.
320 ebd.

[des Begehrens], die Sehnsucht blieb«[321]. Mir scheint, das lässt sich von jeder Kunst sagen, und insofern ist auch die Erotik eine oder könnte eine sein. Es ist die Poesie der Körper, insoweit sie geschlechtlich sind.

Natur und Kultur:
Erotik macht das Wesen des Menschen aus

Das heißt nicht, dass für die Transgression in dieser Verstärkung des Begehrens durch das Begehren kein Platz mehr wäre. Wir sind kein Vieh: Die Kultur, nicht der Instinkt, ist unser Gesetz. Trotzdem bleiben wir Tiere: Etwas in uns geht aller Kultur voraus, es widersteht ihr, nimmt sie auf und spielt mit ihr. Freud nennt es das Es, das die Vergangenheit der Art (die Vererbung[322]) repräsentiert; üblicherweise spricht man vom Körper, der die Gegenwart dieser Vergangenheit ist. Ohne ihn gäbe es kein Über-Ich, folglich auch keine Sublimierung und nichts Erhabenes. Auch keine Seele und keinen Verstand. Der Dualismus lässt sich zwar metaphysisch nicht begründen, kann aber eine gewisse psychologische Glaubwürdigkeit für sich in Anspruch nehmen. »Es gibt ein wenig Testikel«, schrieb Diderot in einem Brief, oder »ein bisschen Schweinerei«, wie er

---

321 *Zorn und Geheimnis*, »Unanfechtbarer Anteil«, xxx, Frankfurt, Fischer, 1991, S. 69.

322 Vgl. beispielsweise *Abriss der Psychoanalyse*, Kap. 1, *G. W.*, Bd. 17, S. 67–68. Dagegen steht das Über-Ich für die Vergangenheit der Gesellschaft (die Kultur, die Zivilisation: für all das, was nicht durch Gene, sondern durch Erziehung weitergegeben wird).

in einem anderen meinte, am Grunde »unserer erhabens-
ten« oder »zartesten« Empfindungen.[323] An anderer Stelle
erklärt er, das sei kein Grund, »den Menschen auf allen Vie-
ren laufen zu lassen«, noch »die fruchtbarste aller Leidenschaften in verbrecherischen und tugendhaften Handlungen auf ein paar Tropfen einer lustvoll vergossenen
Flüssigkeit zu reduzieren«[324]. Dass es in jeder Liebe Sex
und in jedem Menschen ein Tier gibt, wird heute kaum jemand bestreiten. Aber die Liebe und die Menschheit, die
daraus entstehen, existieren davon unbehelligt – denn genau das ermöglicht ihnen ihre Existenz! Der Mensch ist
weder Engel noch Vieh, wohl aber Mensch und Tier, daran
werden wir alle unablässig durch unser Geschlecht erinnert. Die Erotik entfaltet sich in dieser Dualität, die wir
sind, uns durchdringt, uns ausmacht und gelegentlich zer-
reißt; im Spiel damit empfindet sie Lust. Es ist ein Spiel mit
dem Gesetz und dem Trieb; wir gewinnen menschliche
Lust aus unserer Tierhaftigkeit und tierische Lust aus unserer Menschlichkeit, und dazu ist weder Tier noch Engel
fähig.

Die Erotik macht das Wesen des Menschen aus, sicherlich nicht allein (denn das gilt auch für die Sprache, Politik
und Moral[325]), aber sie ist am intimsten, erregendsten und

---

323 Diderot, Brief an Damilaville vom 3. November 1760 (*Correspon-
dance*, Robert Laffont, »Bouquins«, Bd. v, 1997, S. 297); Brief an
Sophie Volland, November 1760 (a. a. O., S. 309).
324 Diderot, Brief an Falconet vom 15. Mai 1767 (a. a. O., S. 731).
325 Selbst wenn einige Tiere, vor allem die Menschenaffen, einige Verhaltensweisen erkennen lassen, die man in Analogie zu uns als eine,
wenn auch rudimentäre, Form der Sprache, Moral, Politik oder Erotik bezeichnen könnte.

sehr häufig auch am reizvollsten. Der Mensch ist ein transgressives Tier: das einzige, das seine Tierheit genießt, indem es sich von ihr distanziert oder sie sich, höchste Stufe des Raffinements, zum Vorwurf macht!

Dort stoßen wir wieder auf die Transgression. Bataille erinnert uns daran, dass die Volksweisheit es auf den Punkt bringt: »In jedem Menschen schlummert ein Schwein.« Damit wird eingestanden, so Bataille, dass das Laster uns lockt, ja dass es »die tiefe Wahrheit des Menschen«[326] ist, aber auch, dass es Laster nur für Menschen gibt, nicht für Schweine. Die Behauptung, dass das Sexualverbot »ein Vorurteil ist, das man endlich ablegen sollte«[327], ist eine banale und nutzlose Dummheit. Das ist die sexuelle Korrektheit unserer emanzipierten, satten, hygienischen und bequemen Epoche. Bataille, der sie kommen sah, hat sich davon nicht hinters Licht führen lassen: »Ebenso gut kann man sagen, wir müssten reinen Tisch machen und zur Stufe der Animalität zurückkehren, zum ungesitteten Fressen und zur Gleichgültigkeit gegenüber dem Unrat!«[328] Das widerlegt die Immoralisten und Schwachköpfe, die das Unmögliche versuchen, indem sie nach der ursprünglichen Unschuld streben. Wie langweilig! Wie dumm! Genauso gut könnte man sich das Verschwinden der Höflichkeit, der Gastronomie oder der Kunst wünschen. Das Gesetz ist nicht das Gegenteil der Lust, sondern ihre Einschränkung, und es gibt keine wahre Kunst – und keine Menschheit – ohne Einschränkungen.

326 *Der heilige Eros*, II, 3, S. 181 (Sprichwort in Anm. 1).
327 a. a. O., II, 7, S. 262.
328 ebd.

Eine befreite Sexualität? Die ist allemal besser als eine versklavte Sexualität; aber es kann nur eine Befreiung geben, wo es gilt, ein Gesetz zu achten oder zu übertreten. Doch das eine geht nicht ohne das andere und das andere nicht ohne das eine. Das ist das schönste Geschenk, das Gott oder Eva der Menschheit machte, oder, besser gesagt, das sich die Menschheit selbst gemacht hat: das Gesetz, und damit auch die Freiheit, sich ihm zu unterwerfen oder nicht. Unaufhörlich wird dieses Szenario von Eltern und Kindern nachgespielt, durch Verbote beziehungsweise durch Ungehorsam oder Revolte. Und das ist gut so. Kein Gesetz, das nicht die Möglichkeit der Transgression ermöglicht. Keine Transgression, die nicht auf ihre Weise das Gesetz bestätigt, dessen sie sich angeblich entledigt. In diesem Punkt hat Bataille recht. »… die Verbotsüberschreitung unterscheidet sich von der ›Rückkehr zur Natur‹: sie hebt das Verbot auf, ohne es zu beseitigen.«[329] (Sonst gäbe es keine Transgression mehr.) Das ist vielleicht der Punkt, an dem die Menschheit beginnt, soll heißen, wo sie aufhört, eine Tierart unter anderen zu sein (Homo sapiens sapiens), um wahrhaft menschlich zu werden in der kulturellen und normativen Bedeutung des Wortes. Durch das Tötungsverbot, also auch durch Mord und Krieg (die sich von dem Kampf auf Leben und Tod unterscheiden, der bei anderen Arten zu beobachten ist). Durch das Inzestverbot (und nicht eine einfache genetisch programmierte Hemmung), also durch die Heirat und die Gesell-

---

329 a. a. O., Kap. I, S. 32.

schaft.[330] Durch die Abschirmung der Sexualität (ihre Ausübung nach bestimmten Regeln und im Verborgenen), also auch durch Scham, Schande und Erotik. Der Mensch ist nur ein transgressives Tier, weil er zunächst ein kulturelles Tier ist: das einzige, das sich selbst sein Gesetz gibt (oder es vielmehr von seinen Eltern empfängt), das es nicht ohne irgendeine Form von schlechtem Gewissen – dem einzigen Gewissen, das es gibt – übertreten kann. Es wäre einfacher und weniger erotisch, Vieh zu sein. Der Verstand macht alles komplizierter. Das ist kein Grund, unserer Zeit als Affen nachzutrauern, die wir zwar durch unseren Körper noch immer sind, von denen uns die Kultur aber unwiderruflich scheidet!

Bataille, mit dessen Romanen und mystisch-erotischen Schwärmereien ich wenig anfangen kann, ist in diesem Punkt außerordentlich luzid. Wie vollzieht sich der Schritt vom Tier zum Menschen? Durch die Werkzeugherstellung und das Wissen um den Tod, erwidert er ganz herkömmlich, aber auch, so fügt er hinzu, durch das Verbot und die Transgression, besonders in Bezug auf die Sexualität. Darin sieht er die drei unterscheidenden Merkmale der Menschheit: Der Mensch löste sich »aus der ursprünglichen Animalität... weil er arbeitete, weil er begriff, dass er sterblich

330 Claude Lévi-Strauss, *Die elementaren Strukturen der Verwandtschaft*, Frankfurt a. M., Suhrkamp, 1993, Kap. I und XXIX; Bataille liefert einen Kommentar in *Der heilige Eros*, II, 4 (»Das Rätsel des Inzests«). Die Bedeutung des Inzestverbots erwächst nach Ansicht von Lévi-Strauss weniger aus dem, was es verbietet (sexuelle Beziehungen innerhalb der Familie), als aus dem, was es verlangt oder bewirkt: dem sexuellen Austausch mit anderen Familien, also Bündnissen, aus denen sich die Gesellschaft entwickelt.

war, und weil er von einer Sexualität ohne Scham zu einer schamhaften Sexualität überging, aus der die Erotik entsprang«[331]. Daher gehört die Vorliebe für die Sünde[332] selbst für Atheisten zur Sexualität und erhöht ihren Reiz. »[D]ie einzige und höchste Wollust der Liebe liegt in der Gewißheit, das Böse zu tun. – Und Mann und Weib wissen von Geburt an, dass das Böse alle Wollust enthält.«[333] Bei Baudelaire wie bei Bataille lassen einige Übertreibungen (warum »höchste«? warum »einzige«? warum »alle«?) oder Restbestände vermutlich auf eine zu repressive Erziehung schließen. Aber da ist noch etwas anderes von zentraler Bedeutung, das die Sache zugleich obszön und reizvoll, faszinierend und verstörend macht. Für jeden bewahrt die körperliche Liebe, ganz unabhängig von der Häufigkeit, etwas Außergewöhnliches, Ungewöhnliches, Unpassendes. Doch es gibt keine Ausnahme ohne die Regel, die wir überschreiten und bestätigen, noch etwas Unerhörtes oder Unpassendes ohne die Gewohnheit oder den Anstand, die wir missachten oder verletzen. Schuld? Nicht unbedingt und immer weniger. Unschuld? Auch nicht. Vielmehr Freude an Skandal und Geheimnis, Kühnheit und Intimität, Kränkung und Achtung, Transgression und Verzicht, Unterwerfung und Zügellosigkeit… Die Tiere wissen nicht, was ihnen entgeht! Was wäre das für eine Erotik ohne Freiheit? Und was für eine Freiheit ohne Befreiung – also ohne Gesetz, ohne

---

331 Bataille, *Der heilige Eros*, a. a. O., I, S. 27. Vgl. auch S. 210–212 (»Die menschliche Besonderheit«).
332 a. a. O., S. 34–35.
333 Baudelaire, »Raketen«, *Sämtliche Werke/Briefe in 8 Bänden*, Bd. 6, München, Hanser, 1989, S. 196.

Widerstand, ohne Angst? Bataille schreibt, »dass zu allen Zeiten und an allen Orten, soweit wir informiert sind, der Mensch durch ein bestimmten Regeln, bestimmten Einschränkungen unterworfenes sexuelles Verhalten gekennzeichnet ist: Der Mensch ist ein Tier, das angesichts des Todes und angesichts der sexuellen Vereinigung ›sprachlos‹ gebannt ist.«[334] Das hindert uns nicht daran, das Leben zu lieben, ganz im Gegenteil – und den Sex! Was gibt es, von den Bestattungsriten abgesehen, spezifisch Menschlicheres als die Erotik, die Zügellosigkeit, selbst in der Paarbeziehung, als die Phantasien, als die Scham, die köstlich verletzt oder überwunden wird? Gibt es eine schönere Huldigung an das Leben, das Begehren, die Menschheit? Weder die Sexualität noch der Tod ist eine Eigentümlichkeit des Menschen. Wohl aber die Erotik und die Bestattungen.

Scham und Schamlosigkeit:
Sex als Schandtat

Die »Sterblichen« sagte man in der Antike, um die Menschheit zu bezeichnen. Denn die Tiere sterben zwar auch, aber wissen es nicht. Der Tod scheint nur für uns ein Problem zu sein, nicht für sie. Genauso gut könnten wir uns die »Liebenden« nennen: nicht weil wir die Einzigen sind, die sexuelle Beziehungen haben oder die lieben, sondern weil Sex und Liebe Probleme sind, die wir angehen und überwinden oder sogar lösen müssen und die zumindest einen

---

334 *Der heilige Eros*, a. a. O., I, 3, S. 46.

Teil unserer Menschlichkeit ausmachen. Der Mensch ist ein erotisches Tier: das einzige, das Sex haben kann, ohne dass dieser sich auf den Koitus oder den Orgasmus reduzieren lässt, das einzige, für das die Sexualität ein Problem darstellt,[335] das einzige, das das Begehren wichtiger nimmt (noch wichtiger!) als die Lust, das einzige, das das Begehren in jeder Bedeutung des Wortes *kultiviert*, statt sich wie ein normales Tier damit zu begnügen, es zu befriedigen. Denn der Mensch ist ein moralisches Tier, und das eine (die Erotik) kann nicht ohne das andere (die Moral) sein. Sade müht sich vergeblich: Wenn er vorgibt, sich – im Schrecken – von der Moral zu befreien, beweist er damit doch nur, welche Kraft sie in uns hat und dass sie trotz aller Leugnung auch in ihm noch wirkt. Wozu sonst würden in seinem geschwätzigen und ermüdenden Werk all die Prahlereien, Kindereien, gelehrten Abhandlungen und Scheuß-

---

335 Vgl. Bataille, a.a.O., »Schluß«, S. 268: »Insofern er ein erotisches Lebewesen ist, ist der Mensch für sich selbst ein Problem. Die Erotik ist der problematische Teil in uns.« Halten wir jedoch fest, dass diese Grenze zwischen Menschen und Affen nicht so scharf ist, wie Bataille zu glauben scheint: Neueste verhaltensbiologische Studien lassen darauf schließen, dass die Unterschiede eher graduell als grundlegend sind. Siehe dazu Jared Diamond, der zeigt: »Die Unterschiede [zu den anderen Tierarten] sind nicht absolut, sondern graduell« (*Der Dritte Schimpanse, Evolution und Zukunft des Menschen*, Frankfurt a.M., Fischer Taschenbuch, 2006, S. 89). Auch graduelle Unterschiede bleiben indessen Unterschiede, und in dieser Hinsicht sind sie beträchtlich: Da wir Tiere sind wie alle anderen, gleichen wir ihnen auch darin, dass wir uns von allen anderen unterscheiden. So gesehen, versteht es sich von selbst, dass die Entwicklung der gesprochenen Sprache ein entscheidender Faktor war, durch den der »große Sprung« der Menschheit erst ermöglicht wurde (z.B. a.a.O., S. 183; eher philosophisch ausgerichtet ist das schöne Buch von Francis Wolff, *De notre humanité*, Fayard, 2010).

lichkeiten dienen? Lacan hat recht: »Darin wird ein bisschen zu viel doziert... Die Predigt ist sterbenslangweilig für das Opfer und selbstgefällig von Seiten des Lehrers.«[336] Das ist das Gegenteil von Befreiung. Die Transgression setzt das Gesetz voraus und bestätigt es auf ihre Art; wie könnte sie es abschaffen? Man müsste in den Naturzustand zurückkehren (wer kann das?), und weder Transgression noch Erotik würde überleben. Umgekehrt setzt das Gesetz die verführerische Möglichkeit der Transgression voraus, durch die uns Sade umso mehr erschreckt, als er uns trotz aller Übertreibungen zumindest ein wenig gleicht. »Wer nicht Despot sein will«, sagt er, »wenn er einen Ständer hat, ist kein Mann.«[337] Sogar die Moral, die sich dem widersetzt, bestätigt ihn – daher auch die Erotik, die mit jener spielt. »Kurz nach der Liebe«, sagte ein Freund zu mir, »werden wir wieder zu braven Jungs. Weil wir davor, um ehrlich zu sein, es faustdick hinter den Ohren haben!« Und ich bezweifle nicht, dass eine Frau in einer Aussage über die Männer oder sich selbst zu einem ganz ähnlichen Ergebnis käme. Man hat nicht Sex, wie man ein Glas Wasser trinkt oder selbst ein Glas Wein. Dazu Bataille: »Der Sexualakt besitzt immer den Wert eines Verbrechens, in der Ehe und außerhalb der Ehe.«[338] Deshalb ist er so wunderbar, so heftig, so aufwühlend. Gott bewahre uns vor der Unschuld!

336 »Kant avec Sade«, *Écrits*, a. a. O., S. 787.
337 *La Philosophie dans le boudoir*, v, Éditions Jean-Jacques Pauvert, 1968, S. 283.
338 *Der heilige Eros*, a. a. O., Kap. x, S. 107. Das erklärt, warum die Ehe »ein Kompromiß zwischen sexueller Aktivität und Achtung« ist (S. 216) und »allen Formen der Erotik« offensteht (S. 143).

»Da wurden ihnen beiden die Augen aufgetan und sie wurden gewahr, dass sie nackt waren ...«[339]

Die Scham, die »das Gefühl der Obszönität« ist,[340] stellt ein erworbenes, veränderliches und damit kulturelles Verhalten dar. Wir bekleiden uns nicht nur, um uns gegen die Kälte zu schützen. Wir bekleiden uns, um zu schmücken, um uns zu schützen – um gesehen zu werden und um nicht gesehen zu werden. Wie soll das ohne Folgen zu den Körpern (dem meinen, dem des anderen) und zu uns selbst bleiben? Nacktheit empfinden wir nicht mehr als natürlich; daher wird sie bedeutungsvoll. Und was könnte sie anderes bedeuten als das Geschlecht? Denn das verbergen oder verhüllen wir letztlich. »Die Scham gilt dem Geschlecht als Geheimnis«, erklärt Pascal Quignard,[341] und insofern ist der Mensch ein schamhaftes Tier. Ich sehe darin eher einen Glücksfall als einen Fluch: Sonst wäre keine Erotik möglich.

Jede Tugend, sagt Alain, setzt eine entgegengesetzte Neigung voraus, die von der Tugend bekämpft oder überwunden wird.[342] Folglich ist die Scham als Tugend unauflöslich mit der Schamlosigkeit verknüpft, sie setzen sich gegenseitig voraus und verstärken die Versuchung und das Begehren. Das Paradox (die Scham vor dem, was nicht beschämend ist) macht einen Teil ihres Reizes aus. Das ist das Obszön-Werden der Nacktheit und damit auch ihr Ero-

---

339 1. Mose 3,7.
340 Bataille, *Der heilige Eros*, II, 4, S. 213.
341 *Le Sexe et l'Effroi*, Kap. XV, a. a. O., S. 312.
342 Alain, *Définitions*, »Vertu«, Pléiade, Les Arts et les Dieux, S. 1098.
    Vgl. auch die Definition des Wortes »âme«, a. a. O., S. 1031.

tisch-Werden. Gibt es ein schöneres Geschenk? Scham und Schamlosigkeit entstehen gemeinsam, eines durch das andere. Doppelte Lust und doppelte Freiheit für die Liebenden, doppelte Verführung für alle. Grausame Burka, die die Schamlosigkeit einschließen will! Trauriger Nudismus, der sich anheischig macht, die Scham abzuschaffen! In einem Kommentar zur Genesis spricht Kant die Ambiguität der Scham an: Sie mache eine Neigung »dadurch inniglicher und dauerhafter ... daß man ihren Gegenstand den Sinnen entzieht«[343], wobei sie den Menschen »von bloß empfundenen zu idealischen Reizen, von der bloß thierischen Begierde allmählig zur Liebe«[344] überführt. Verführung und Sublimierung wirken zusammen und verstärken sich gegenseitig. Eine rein natürliche Sexualität? Sie hätte nichts Erotisches. Eine unschuldige Lust? Wie fade! Eine Sexualität ohne Begierde, wie sie laut Augustinus[345] vor dem Sündenfall war? Wozu? Genauso gut könnte man eine Sexualität ohne Erregung, ohne Tabus, ohne Transgressionen, ohne Versuchungen, ohne Phantasien, ohne Wagnisse, ohne Träume, ohne Leidenschaft, ohne Erotik beschwören ... Da wäre die Gastronomie reizvoller.

343 Kant, *Kleine Schriften (1782–1800)*, »Muthmaßlicher Anfang der Menschengeschichte«, AA, Bd. 8, S. 113.
344 ebd.
345 *Des heiligen Kirchenvaters Aurelius Augustinus zweiundzwanzig Bücher über den Gottesstaat*, Kempten, München, 1911–16. Für die Bibliothek der Kirchenväter bearbeitet, XIV, 21–26 (http://www.unifr.ch/bkv/kapitel1932-20.htm
bis
http://www.unifr.ch/bkv/kapitel1932-25.htm).

Sex als Schauspiel

Erotik oder Pornographie? Erstere, so heißt es gelegentlich, behandle den Körper als Subjekt, Letztere als Objekt oder sogar als eine Montage aus »Fleischstücken«[346]. Doch ein reines Objekt oder bloße »Fleischstücke« hätten selbst in einem Film nichts Pornographisches; und in der Erotik ist es sehr häufig reizvoll, den anderen auf seine körperliche oder fleischliche Objekthaftigkeit zu reduzieren… Wo ist die Grenze zu ziehen? Wie verhält es sich beispielsweise – um ein Buch zu nennen, das ich nicht mag – mit der *Geschichte der O* von Pauline Réage beziehungsweise Dominique Aury? Einige Beobachter wie Michela Marzano halten es für ausgesprochen pornographisch;[347] viele andere wie Jean Paulhan, Jean-Jacques Pauvert oder André Pieyre de Mandiargues[348] zählen es ohne Zögern zu den Klassikern der erotischen Literatur. Wer will das entscheiden? Und warum sollte er? Ebenso gut könnte man über das Geschlecht der Engel diskutieren… Ich vermute vielmehr,

---

346 Das ist im Wesentlichen eine Zusammenfassung von Marzanos These: Michela Marzano, *La Pornographie ou l'épuisement du désir*, Buchet/Chastel, 2003, Nachdr.: Hachette Littératures, 2010 (vgl. beispielsweise die Seiten 25–33, 197–210 und 263–268).
347 a. a. O., Kap. VII, S. 140–152.
348 Sowohl Herausgeber wie auch Verfasser des Vor- und Nachworts des Buchs von Pauline Réage, 1954, Neuaufl. Livre de Poche, 2009. Von J.-J. Pauvert, vgl. *Métamorphose du sentiment érotique*, Éditions Jean-Claude Lattès, 2011, S. 232 f. *Die Geschichte der O* nimmt auch einen bedeutenden Platz in der Sammlung *L'Érotisme (Les plus grands textes d'Ovide à Sade et Bataille)* ein, wo sie 2011 in der vom *Nouvel Observateur* und den CNRS-Éditions gemeinsam herausgegebenen »L'anthologie du savoir« erschien.

dass der Unterschied zwischen den beiden Gattungen eher ästhetischer Natur ist – dass in der einen und der anderen die gleichen Gefühle angesprochen werden wie in der allergewöhnlichsten Sexualität. Das gilt insbesondere für literarische oder filmische Werke: Die Pornographie beschreibt oder zeigt auf krudeste Weise und unter Verzicht auf fast jede ästhetische Bemühung das, was die Erotik in der Regel lieber andeutet oder preist, inszeniert oder in Worte fasst. Insofern ist die Pornographie gelegentlich wahrhaftiger als das Getue, das man sehr häufig in der Erotik antrifft, und allemal aufwühlender. Das Geschlecht und der Tod können sich nicht heiter zur Schau stellen.

»Die Pornographie«, sagt Alain Robbe-Grillet, »ist die Erotik der anderen.«[349] Das ist weniger eine Definition als ein Bonmot, verweist aber auf zwei wichtige Punkte: erstens, dass die Grenze zwischen den beiden Begriffen fließend, veränderlich und ungewiss ist und stets subjektiv bleibt; zweitens, dass die Erotik in der ersten Person oder im Plural (als *Ich* des Begehrens oder als *Wir* der Liebenden) und im Modus des Handelns erlebt werden kann, während die Pornographie praktisch nur als Schauspiel oder Erzählung vorkommt und in dieser Eigenschaft ausschließlich von außen wahrgenommen werden kann. Was, nebenbei gesagt, auch die Etymologie nahelegt. »Pornographie« kommt vom griechischen Wort *pornographos*, das sich seinerseits aus den beiden Wörtern *porne* (»Prostituierte«) und *graphein* (»schreiben« oder »zeichnen«)

349 Zitiert von Ruwen Ogien, *Penser la pornographie*, PUF, 2003, Neuauflage 2008, Kap. II, S. 30.

herleitet. Erotik ist offenkundig aus dem Wort *eros* entstanden, das den Gott der Liebe und die leidenschaftliche Liebe bezeichnet. Daher kann die Erotik liebevoll oder liebenswert, Leidenschaft empfindend oder Leidenschaft einflößend und sogar religiös sein, während die Pornographie fast unvermeidlich etwas vulgär und niedrig ist – oft auch profitgierig (*porne* kommt von *pernenai*, »verkaufen«). Strenggenommen findet Pornographie nur dort statt, wo es auch *graphie*, das heißt, eine schriftliche oder visuelle (etwa filmische) Darstellung eines Geschlechtsakts gibt. Zu *eros* müsste die entsprechende Bildung nicht »Erotik« heißen, sondern »Erotographie«. Das Wort gibt es nicht, und das ist sicherlich kein Zufall: Die Erotik nähert sich, wenn sie sich zur Schau stellt, der Pornographie an (dem entgeht sie in der Literatur wie im Film nur durch den Stil, wenn diese nicht durch Anspielungen, Metaphern und Verschwommenheit für Enttäuschung und Verlogenheit sorgen). Ein und dieselbe Szene kann also in der Intimität des Schlafzimmers erotisch und auf einem Fernsehschirm oder einer Kinoleinwand pornographisch sein. Die Sexualität ist obszön, sobald sie sich zur Schau stellt.

Was ist Pornographie? Die explizite Darstellung eines Geschlechtsaktes, der es weniger um den ästhetischen Genuss geht als um die sexuelle Erregung des Lesers oder des Zuschauers. Daran ist im Prinzip nichts auszusetzen. Dass das Wort fast überall als pejorativ empfunden wird, sagt viel über unsere Beziehung zur Sexualität aus, die nie vorbehaltlose Zustimmung ist, und sogar über die Sexualität selbst, die nie ganz unschuldig ist (wozu Nancy Huston schreibt: »Immer ist in der Erotik etwas vage Unmoralisches«[350], was erst recht für die Pornographie gilt).

Wenn in der Praxis Darstellungen als pornographisch bezeichnet werden, sind sie nicht nur obszön, was moralisch neutral sein kann, sondern fast immer auch verächtlich und verachtenswert, niedrig oder erniedrigend und eher kommerziell als amourös oder ästhetisch. Die Erotik kann eine Kunst sein; die Pornographie ist meistens nur ein Geschäft, was nicht ausschließt, dass wir privat von ihr einen durchaus angenehmen oder legitimen Gebrauch machen können. In seiner sozialen Verwendung bleibt das Wort trotzdem negativ besetzt. Dazu Ruwen Ogien: »Der Unterschied zwischen ›erotisch‹ und ›pornographisch‹ ist nicht deskriptiv (die beiden Begriffe bezeichnen denselben Gegenstand), sondern wertend oder normativ. ›Erotisch‹ ist positiv; ›pornographisch‹ negativ oder pejorativ.«[351] Bei literarischen oder filmischen Erzeugnissen richtet sich die Wahl des einen oder anderen Adjektivs weniger nach dem Inhalt der Werke als nach dem Darstellungsstil. Die Erotik deutet eher an, als dass sie zeigt, oder sie zeigt nur, indem sie ästhetisch verfremdet. Daher kann sie elegant, geschmackvoll und künstlerisch sein. Die Schönheit entschuldigt oder rechtfertigt sie. Die Pornographie dagegen zeigt alles, mit Vorliebe in Großaufnahme, und bemüht sich mehr um Wirksamkeit als um Ästhetik: Die Vulgarität, Krudität, Erbärmlichkeit – und fast immer Rentabilität – sind Teil des Systems. Obszönität kann es in beiden Fällen

---

350 *Mosaïque de la pornographie*, a. a. O., Vorwort zur neuen Ausgabe, S. 17.
351 *Penser la pornographie*, a. a. O., S. 30.

geben; jedoch in der Erotik eher sublimiert und in der Pornographie immer unverhüllt.

Jeder Geschlechtsakt wird, wenn man ihn zur Schau stellt, schlüpfrig, schockierend und bleibt es auch, egal wie oft oder wie banal er gezeigt wird. Wie viele menschliche Koitusse gab es seit dem Auftauchen des Homo sapiens? Wie viele gibt es, jeden Tag, jede Nacht, auf der Erde? Trotzdem bleibt er verstörend, aufwühlend, merkwürdig. Schauen Sie, wie erfolgreich die Pornovideos sind, die von Amateuren ins Netz gestellt werden. Dort sieht man »Leute wie du und ich« beim Geschlechtsakt im Wohn- oder Schlafzimmer, der trotz der eher schlichten Darbietung nicht weniger fasziniert. Kenner winken hochmütig ab.[352] Doch ein bestimmtes Publikum zeigt durchaus Interesse. Man kann die einen wie die anderen verstehen. Dass der künstlerische Anspruch dieser Aufnahmen unterirdisch ist, dürfte außer Frage stehen. Desgleichen ihre erotische Banalität. Trotzdem enthüllt sich dort etwas, was niemals vollkommen gleichgültig sein wird. Die »unendliche Vervielfältigung der Bilder und das progressive Verschwinden des Textes«[353] ändern daran nicht viel. Der trivialste Geschlechtsakt bleibt, sobald man ihn in Großaufnahme zeigt, erstaunlich skandalös. Welche Eltern würden solche Szenen ihrem Kind zeigen? Und doch unser banales und unschuldiges Leben... Die Sexualität ist diese Unschuld in uns, die in gewisser Weise schockierend oder schuldhaft

---

352 Vgl. beispielsweise die etwas ernüchterte Verblüffung von Jean-Jacques Pauvert gegen Ende seiner *Métamorphose du sentiment érotique,* a. a. O., S. 340–343 (»Fin de mon histoire«).

353 Wie Jean-Jacques Pauvert beklagt, a. a. O., S. 343.

bleibt, diese Trivialität mit dem Nimbus des Außerge-
wöhnlichen, diese Banalität mit einem Anflug von Kühnheit und Schändlichkeit. Davon zehrt die Pornographie.
Für die Erotik ist das Spiel und Lust zugleich. Die Pornographie macht sich die Obszönität zunutze, die Erotik setzt
sie in Szene oder ins Werk.

Die Erotik: eine paradoxe und transgressive Eigenheit des Menschen

Solange es – zumal in einem Buch oder Film – um Zurschaustellung geht, ist der Unterschied zwischen Pornographie und Erotik eher graduell oder perspektivisch als
grundsätzlich. Hier wie dort geht es darum, zu zeigen oder
zu schildern, was im alltäglichen Leben verborgen oder
verschwiegen wird – der Sex wird obszön, sobald er öffent-
lich wird. Dagegen beginnt die Pornographie sich zwischen
Liebenden aufzulösen – entweder in der Verborgenheit (es
gilt nicht mehr darzustellen, sondern zu agieren) oder in
der Erotik (aber als Verhalten und nicht als Schauspiel).
Dennoch besteht die Dimension der Gewagtheit, der
Schamlosigkeit und der »Schändlichkeit« fort, wenn auch
in gemilderter Form, und das ist gut so. Dort finden wir die
Erotik im Sinne von Bataille und all den anderen. Jene Liebenden sind zu bedauern, die sich von ihrer Nacktheit und
ihrem Begehren nicht mehr ergreifen lassen!

Zeigen, enthüllen, betrachten, berühren, wagen, heraus-
fordern, übertreten, schänden? Das ist genauso eine Dimension unseres Sexuallebens wie die Liebe oder die Zärt-

lichkeit – und vielleicht weit erotischer. Das kann auch diejenigen aufwühlen, die nicht unbedingt zu Schuldgefühlen oder Perversionen neigen. Selbst Sartre spricht in Hinblick auf das sexuelle Begehren von Kompromiss, Komplizenschaft und Sturz.[354] Dabei war er bestimmt nicht prüde oder antiquiert, noch neigte er zu Tugendhaftigkeit oder Selbstbetrug. Das sexuelle Begehren, so erklärt er, ist ein Bewusstsein, »das sich zu Körper macht, um sich den Körper des Andern anzueignen«[355]. Aber dieser Körper ist nur begehrenswert wegen des Bewusstseins, das er in sich trägt, das er »transzendiert« und das niemand besitzen kann. Das ist das Paradox des Begehrens, das dieses zum Scheitern und zur Wiederholung verurteilt. Es geht darum, sich den anderen anzueignen, zumindest in gewisser Hinsicht, nicht als Freiheit, was nicht geht, sondern durch Vereinnahmung seiner Freiheit in der Faktizität des *Fleisches* (im Unterschied zum Körper *in actu*[356]). Das ist das Aufgewühltsein[357] im Begehren, das Reizvolle, so etwas wie eine wesensmäßige Unreinheit. Weiter heißt es: »Nicht zufällig erreicht die Begierde, obwohl sie auf den ganzen Körper abzielt, diesen vor allem über die Körperteile, die am we-

---

354 *Das Sein und das Nichts*, a.a.O., III, Kap. 3, S. 678: Die Begierde »kompromittiert mich: Ich bin Komplize meiner Begierde. Oder vielmehr, die Begierde ist ganz und gar Sturz in die Komplizenschaft mit dem Körper«, deshalb, so fügt Sartre hinzu, kann man die sexuelle Begierde nicht »auf Distanz halten wie den Hunger und ›an etwas anderes denken‹«.
355 a.a.O., S. 680.
356 a.a.O., S. 680–683. Vgl. auch S. 692.
357 a.a.O., S. 676 f. und 690 f. Vgl. auch Bataille, *Der heilige Eros*, a.a.O., II, 1, S. 150 f.

nigsten differenziert, am gröbsten innerviert, am wenigsten zu spontanen Bewegungen fähig sind, also über die Brüste, den Po, die Schenkel, den Bauch: Sie sind wie das Bild der bloßen Faktizität.«[358] Es ist auch kein Zufall, wenn das Geschlecht als Organ nicht unserem Willen gehorcht: die Anzeichen des Begehrens (»die Erektion des Penis und der Klitoris«) drängen sich uns auf als »ein biologisches und autonomes Phänomen… dessen autonomes und unwillentliches Aufblühen das Versinken des Bewußtseins im Körper begleitet und bedeutet«[359].

Insofern ist nach Sartres Ansicht »das Streicheln Aneignung des Körpers des anderen«[360]: Es verwandelt den Körper in Fleisch, das Subjekt in Objekt, Aktivität in Passivität, Freiheit in Faktizität (in reines oder unreines »Da-sein«). Das ist das Begehren selbst, wie es sich in der Beziehung zum anderen manifestiert: »die Begierde drückt sich durch Streicheln aus wie das Denken durch Sprechen«[361]. Die Erektion, selbst die einsame, ist »die Affirmation des Flei-

---

358 *Das Sein und das Nichts,* a.a.O., S. 692. »Faktizität« bezeichnet hier das, was einfach Fakt ist (nicht das, was falsch ist, sondern das, was da ist). Diese *Faktizität,* so schreibt Simone de Beauvoir, wird von der Scham erkannt und abgelehnt: »Ihre Scham ist zum Teil angelernt. Sie ist auch tief verwurzelt. Männer und Frauen kennen alle die Scham ihres Körpers. In seiner reinen, unbeweglichen Gegenwart, in seiner ungerechtfertigten Immanenz existiert der Körper unter dem Blick des Nächsten als eine absurd zufällige Faktizität, und doch ist er *sie selber.* Man möchte ihn daran hindern, daß er für den andern existiert.« (*Das andere Geschlecht,* ɪɪ, Kap. 3, Reinbek, Rowohlt, 1951, S. 385–386.)
359 *Das Sein und das Nichts,* a.a.O., S. 693.
360 a.a.O., S. 681.
361 ebd.

sches durch das Fleisch«[362]. Das Streicheln ist eher die Verhüllung des Fleisches (des einen) durch das Fleisch (des anderen). Streicheln, das heißt die »doppelte wechselseitige Fleischwerdung« seiner selbst und des anderen:

> Die Begierde ist ein Verzauberungsverhalten. Da ich den andern nur in seiner objektiven Faktizität erfassen kann, kommt es darauf an, seine Freiheit in dieser Faktizität zu verkleben ... [so dass] ich beim Berühren dieses Körpers schließlich die freie Subjektivität des andern berühre. Das ist der eigentliche Sinn des Wortes *Besitz*. Zwar will ich den Körper des andern *besitzen;* aber ich will ihn besitzen, insofern er selbst ein ›besessener‹ ist, das heißt, insofern das Bewusstsein des andern sich damit identifiziert hat. Das ist das unmögliche Ideal der Begierde: Die Transzendenz des andern als reine Transzendenz und dennoch als *Körper* besitzen.[363]

Man will die Kuh schlachten (das Bewusstsein, die Transzendenz, die Freiheit behalten) und weiterhin melken (den Körper in seiner Faktizität – das Fleisch – haben). Es ist klar, dass dieses Begehren »zum Scheitern verurteilt«[364] ist. Nicht nur, weil der Orgasmus dem ein Ende setzt, was im Grunde nur eine weitere Kontingenz ist, sondern grundsätzlicher, weil »die Begierde der Ursprung ihres eigenen Scheiterns [ist], insofern sie Begierde ist, zu *nehmen* und

---

362 a.a.O., S. 693.
363 a.a.O., S. 688.
364 a.a.O., S. 692.

sich anzueignen«[365]. Ich möchte den anderen besitzen; aber wir können nur ein Objekt besitzen und nur ein Subjekt begehren (in der sexuellen Bedeutung des Wortes). Dieser Widerspruch verurteilt das Begehren dazu, das Unmögliche zu versuchen. Daher der Sadismus, wie Sartre erklärt, als »Bemühen, sich der Faktizität des anderen zu bemächtigen«[366]. Daher der Masochismus, durch den ich sage: »[I]ch weigere mich, mehr als ein Objekt zu sein«[367]. Das sind zwei Verhaltensweisen, denen das Scheitern vorgezeichnet ist.[368] Allerdings müssen wir nicht sadistisch oder masochistisch sein, um das Aufgewühltsein dieses unmöglichen Subjekt-Objekts zu empfinden, das in uns allen die Fleischwerdung bewirkt (nicht die Tatsache für den Geist, einen Körper zu haben, sondern die Tatsache für den Körper, der ich bin, ein Fleisch zu sein, das ist). Es genügt, einen bewussten Körper zu begehren – und niemand kann sexuell etwas anderes begehren. Ein Bewusstsein ohne Körper wäre nicht begehrenswert. Ein Körper ohne Bewusstsein wäre es kaum mehr (es sei denn, man würde ihn in der Phantasie mit einem ausstatten). Folglich möchte man beide zugleich besitzen: Das Unmögliche kann man von niemandem verlangen (daher das Scheitern), und doch hält uns dieses Unmögliche gefangen (daher die Wiederholung).

Die Paare wissen es und genießen es. Das gehört zu ihrem Glück, ihrer Zärtlichkeit und gelegentlich auch zu ihrem Groll. Den Körper des anderen genießen ist selbst

365 a.a.O., S. 695.
366 a.a.O., S. 697.
367 a.a.O., S. 661.
368 a.a.O., S. 661 und 705 f.

nach Jahren des Zusammenlebens niemals harmlos. Aber wie gesagt, das kennzeichnet genauso die Vergewaltigung, die Prostitution und die Pornographie. Jeder Mensch ist durch seinen Körper auch Objekt und dadurch potentiell der Gewalt, dem Kauf und der Instrumentalisierung ausgesetzt. Alles Verhaltensweisen, die die Moral verurteilt? Das Gesetz verbietet (zumindest soweit es Vergewaltigung und Zuhälterei betrifft)? Gewiss. Aber Verurteilung und Verbot wären vollkommen überflüssig, wenn das, was sie untersagen – die Unterwerfung des anderen –, nicht zumindest von einigen Menschen (die zumal im männlichen Teil der Bevölkerung sicherlich zahlreicher sind, als man glauben möchte) als möglich und begehrenswert angesehen würde, und sei es nur in der Phantasie.

Pech für unsere schönen hedonistischen oder libertinären Seelen! Es gibt so etwas wie einen Widerspruch zwischen Moral und Sexualität – nicht weil die Moral, wie manchmal behauptet wird, ihrem Wesen nach prüde oder kastrierend wäre (sie ist es nur zufällig oder aus religiösen Gründen: nehmen Sie die Griechen oder Montaigne, die so gar nicht prüde waren), sondern weil die Sexualität ihrem Wesen nach amoralisch oder sogar unmoralisch ist. Das ist das Naturhafte an ihr. So begegnet uns die Natur und verwirrt uns. Die Sexualität ist egoistisch, gierig und respektlos: fast das Gegenteil der Nächstenliebe *(agape)* oder sogar der Moral. Man müsse den anderen, sagt Kant, als einen Zweck an sich betrachten, mit anderen Worten als eine Person. Umso mehr genießt man es, den anderen – zumindest in gewissen Augenblicken und unter einem gewissen Blickwinkel – als Mittel, als Objekt, als Tier oder Sache zu betrachten. Das ist jedoch kein Grund, darauf zu verzichten. Den anderen als Mittel zu behandeln ist nicht in Ordnung; aber es ist auch nicht immer schlecht (falsch wäre es nur, ihn *nur* als Mittel zu behandeln) und manchmal sogar – wenn Begehren hinzukommt und die Partner erwachsen sind und einverständlich handeln – wunderbar! Der Geschlechtsakt hat etwas Entweihendes, das in den Blick rückt, was im Menschen heilig ist, wie Luc Ferry sagen würde,[369] (definitionsgemäß kann man nur entweihen, was heilig ist). Das ist die erste Transgression, von der alle anderen abhängen: dass man den anderen wie ein Objekt oder ein Tier behandelt – was nur möglich und begehrenswert ist, weil er etwas anderes ist (ein Mensch: eine Person), und doch nichts anderes (nämlich ein Körper: ein Tier). Transgredieren heißt, mit den Grenzen der Menschlichkeit zu spielen und sie zu genießen. Aber wir können sie nur überschreiten, wenn wir sie zuvor anerkannt haben – so wie wir sie als Liebespaar nur erfahren können, wenn wir sie hin und wieder überschreiten. Die Erotik ist eine Eigenheit der Menschheit.

Erotik und Mystik

Müssen wir also wie Feuerbach, Alain oder Luc Ferry aus dem Menschen unseren Gott machen, dessen Messe dann die Erotik wäre? Ich habe mich nie zu dieser Auffassung durchringen können. Das halte ich für moralische Schwär-

369 Vgl. beispielsweise *La Révolution de l'amour*, a. a. O., S. 141–147.

merei, wie Kant sagen würde,[370] die Moral mit Spiritualität, Humanismus mit Religion, Achtung mit Glauben und infolgedessen auch Sinnlichkeit mit Mystik verwechselt.

Wenn jeder Mensch als *heilig* bezeichnet wird (da man ihn entweihen oder sich für ihn opfern kann), so geschieht das in der moralischen, nicht religiösen Bedeutung des Wortes: In diesem Zusammenhang bezeichnet das Adjektiv »heilig« eine Beziehung zur Menschlichkeit des Gegenübers (meines Nächsten), nicht zum Gegenstück der Menschlichkeit (dem Göttlichen oder Übernatürlichen). Das ist eine Dimension der intersubjektiven Immanenz, nicht das Kennzeichen einer wie auch immer gearteten Transzendenz. Daher unterscheidet sich dies Heilige nicht vom Profanen: Es ist das eigentlich menschliche Profane, sicherlich nicht unberührbar (zum Glück für die Liebenden!), aber unverletzlich, zumindest de jure, was aus zwei entgegengesetzten, aber verschwisterten Blickwinkeln die Möglichkeit der Vergewaltigung und die Notwendigkeit ihres Verbots bestätigt. Es geht nicht darum, den Menschen anzubeten, was nur ein weiterer Götzendienst wäre, sondern darum, den Menschen zu achten, der da vor mir ist, so nah, so zerbrechlich, so nackt... Nebenbei bemerkt, was gibt es Unerotischeres als den Gott der Monotheismen? Und was sexuell Begehrenswerteres als einen Menschen, der gefangen ist in seiner fleischlichen und sterblichen Endlichkeit? Der Mensch, der sich einer Liebkosung oder dem Liebesakt hingibt, ist nicht unser Gott; er ist unser Nächster und fast

---

370 Vgl. beispielsweise *Kritik der praktischen Vernunft*, III, »Von den Triebfedern der reinen praktischen Vernunft«, AA, Bd. 5, S. 84–86.

immer – Feuchtigkeit der Leiber, Mischung der Säfte, Düfte und Aromen – unser Allernächster. Auch die Lust, die es gelegentlich bereitet, das zu entweihen, was am anderen heilig ist (seine Menschlichkeit, Würde und Freiheit), indem wir ihn wie eine Sache oder ein Tier behandeln, fällt, wenn auch negativ, eher in den Zuständigkeitsbereich der Moral als der Religion: der Genuss an der Transgression eher als an der Blasphemie, an der Schamlosigkeit eher als an der Gotteslästerung, am Immoralismus eher als an der Irreligiosität (oder an dieser, wie gelegentlich bei Sade zu beobachten ist, nur in dem Maße, wie sie sich mit jener deckt). Die Liebenden wissen das nur zu gut, denn sie spielen damit, haben ihre Lust und ihre Freude daran. Beten? Verehren? Anbeten? Sie haben Besseres zu tun! Sich für Götter halten? Wie unerotisch! Im Übrigen lässt es weder die Intelligenz noch der Humor zu. Das Bett ist kein Altar, der Liebesakt keine Messe.

Ich misstraue allen Versuchen, den Sex zur Mystik zu verklären, egal, ob positiv, als sei der Koitus ein Sakrament, oder negativ, als sei er ein Opfer (und wenn, wie bei Bataille, von irreligiöser Art). Damit stuft man das eigene Begehren sehr hoch oder denkbar niedrig ein. Das haben die meisten Mystiker sehr klar erkannt – genauso wie, meiner Meinung nach, die meisten Liebenden. Sie kennen sich zu gut, um sich – in der religiösen Bedeutung des Wortes – anzubeten oder auch nur ihre Phantasien wirklich ernst zu nehmen. Sie haben schon zu oft guten oder schlechten Sex gehabt, um sich hinters Licht führen zu lassen.

Ich bin überzeugt davon, dass die Sexualität etwas Zwielichtiges hat. Aber mehr durch den Wunsch, den anderen zu dominieren oder sich ihm zu unterwerfen, als durch den Anspruch, Gott zu ersetzen, ihm gleich zu werden oder ihn abzuschütteln. Wir wollen mit dem Tier in uns spielen, nicht mit dem Gott. Mit dem Relativen und nicht dem Absoluten. Mit der Moral und nicht der Religion. Mit dem Begehren und nicht dem Glauben.

Die Erotik ist eine Verstärkung des Begehrens durch sich selbst, zugleich reflexiv (das Begehren wählt sich selbst zum Objekt) und transitiv (da sich das Begehren, von Ausnahmen abgesehen, auf andere richtet). Dabei ist die Transgression nicht sein wesentlicher Aspekt, sondern nur eine seiner möglichen oder häufigen Dimensionen: dann nämlich, wenn sich das Begehren aufbäumt an der Regel, die es in Frage stellt oder überwindet.

Das ist die Kunst des Begehrens, sagte ich, und es gibt keine Kunst ohne Grenzen, egal, ob sie sie respektiert oder überschreitet (die großen Künstler machen fast immer beides). Erotik eines flüchtig erblickten Knies, das zu zeigen die Schamhaftigkeit verbietet. Erotik der Nacktheit in einer Kultur, die sie ächtet. Erotik einer Liebkosung oder einer bestimmten Stellung, die schockierend oder nicht normal erscheint. Erotik geflüsterter Obszönitäten, die man unter anderen Umständen nicht auszusprechen wagte. Erotik eines Verhaltens, eines Szenarios, einer Inszenierung – die umso erotischer sind, je weiter sie sich von der Normalität der Physiologie (Koitus), der Gesellschaft (Konventionen), des Gefühls (Liebe, Zärtlichkeit) und sogar der Psychologie (dem alltäglichen Leben des Paares) entfernen. Zwischen Liebenden gibt es auch die Erotik der Achtung, die bis in die Kränkung gewahrt bleibt, des Vertrauens noch in der völligen Preisgabe (wer würde sich schon preisgeben, wenn kein Vertrauen da wäre), der Sanftheit, die noch in der Gewalttätigkeit wirksam ist (bei denen, die das mögen), weshalb es keine ungebrochene Gewalttätigkeit sein kann ... Es stimmt nicht, dass unter Liebenden alles erlaubt ist. Aber darüber entscheiden die Liebenden ganz allein, und das kennzeichnet die Erotik.

Allerdings verschwindet die Ambivalenz deshalb nicht, sondern wird noch verdoppelt. Völlig zu Recht sagt Bataille, dass die Erotik »dort beginnt, wo das Tier aufhört«, aber »das Animalische dennoch ihre Grundlage [ist]«[371]. Das genießt die Menschheit in der Erotik nur deshalb, weil sie sich durch die Kultur, das Verbot und die Liebe von ihr distanziert. Denn »überall – und zweifellos seit den ältesten Zeiten – ist unsere sexuelle Aktivität mit dem Geheimnis verbunden; überall, wenn auch in verschiedenem Grade, scheint sie unserer Würde zu widersprechen«[372] oder der Vorstellung, die wir von ihr haben, so dass sich das Wesen der Erotik nie deutlicher zeigt, um auf ein bereits erwähntes Zitat noch einmal zurückzukommen, als in »der unentwirrbaren Verbindung des sexuellen Vergnügens mit dem Verbot«[373] beziehungsweise, wie ich lieber sagen würde, des Begehrens und der Regel. Darin unterscheidet sich die menschliche Sexualität von der »tierischen Einfachheit«[374], selbst wenn sie sie nachahmt: Die Transgression (also die Erotik) ist eine Eigentümlichkeit des Menschen. Pascal

371 *Der heilige Eros*, a.a.O., IX, S. 90.
372 a.a.O., S. 104.
373 ebd.
374 ebd.

sagt, dass der Mensch weder Engel noch Tier ist und dass, wer den Engel spielen will, letztlich das Tier spielt. Doch wer das Tier spielt, erweist sich als Mensch (die Tiere können nicht spielen, was sie sind). Und »den Gott spielen« ist zum Scheitern verurteilt, daran erinnert uns unser Unterleib, sagt Nietzsche.[375] Die Erotik ist eine Eigenheit des Menschen, auch wenn sie paradox und transgressiv ist, keineswegs etwas Mystisches.

Eine weltliche Erotik

Das Numinose als das erste und ursprüngliche Heilige sei zugleich »*tremendum*« und »*fascinans*«, meinte Rudolf Otto,[376] also schrecklich und faszinierend, anziehend und abstoßend. Weder der Sonne noch dem Tod kann man ins Auge sehen … Welche Religion wäre begreiflicher als der Sonnenkult, ausgenommen der Todes- und der Sexualkult? Schauen Sie sich die Steinzeitgräber an. Oder die gemalten Vulven in den vorgeschichtlichen Höhlen und die unzähligen Phalli im antiken Rom und in Indien. Aller-

---

375 *Jenseits von Gut und Böse*, IV, § 141.
376 Rudolf Otto, *Das Heilige*, Breslau, Trewendt und Granier, 1922. Vgl. vor allem die Kapitel 4 (»Mysterium tremendum«) und 7 (»Das Fascinosum«). Das Wort »Numinos« leitet sich vom lateinischen *numen* her, das einen Willen oder eine Macht bezeichnet, »vor allem auf die Götter bezogen« (F. Gaffiot). Rudolf Otto verwendet diesen Begriff, um das Heilige im engeren, im religiösen Sinn zu bezeichnen, im Unterschied zum Heiligen in einem allgemeineren und ungenaueren Sinn, »als das absolute sittliche Prädikat, als vollendet gut« (Kap. 2, S. 5).

dings sind das nur Relikte und abergläubische Vorstellungen. Wer würde heute noch die Sonne, die Geister oder die Sexualität anbeten? Das wäre lediglich anachronistisches Heidentum, obsoleter und lächerlicher Götzendienst.

Die Sexualität in ihrer Trivialität, Rohheit, ihrer unbeständigen Mischung aus Wildheit und Sanftheit, Prosa und Poesie, kann sicherlich schrecken und faszinieren, locken und abstoßen, und man soll und kann daraus heute keine Religion machen. Numinos? Übernatürlich? Transzendent? Da bin ich ganz anderer Ansicht. Was gibt es Natürlicheres als den Geschlechtsakt? Diesseitigeres als Fellatio oder Cunnilingus? Was wäre immanenter? Materieller? Irdischer? Weltlicher? Und was reizvoller als diese zugleich obszöne und legitime Lust? Das ist vielleicht das Beste, was wir der sexuellen Befreiung verdanken: eine weltliche und exkulpierte Erotik. Weil sie unschuldig geworden wäre? Keineswegs. Sondern weil sie verzichtet, es zu werden. *Felix culpa*, glückliche Schuld! Selbst unsere Perversionen sind menschlich. Und in gewisser Hinsicht ist die ganze Menschheit pervers. »…aber von dem Baum… sollst du nicht essen.« Sie taten es trotzdem, und damit beginnt für uns die Menschlichkeit. Keine Zivilisation ohne Gesetz. Kein Gesetz, das nicht gebrochen werden könnte. Das gilt für die Sexualität und alles Übrige. Entweihen? Übertreten? Erniedrigen? Unterwerfen? Entwürdigen? Vergewaltigen? All das gehört zur Wirklichkeit des Menschen – und vermutlich mehr zu der der Männer als der Frauen. Leider bestätigen hier die Lokalnachrichten, was wir schon aus der Literatur wissen. Das Begehren hat etwas Beunruhigendes (*dira lubido, dira cupido* sagen Lukrez und Virgil[377]) und gelegentlich etwas Unerträgliches[378]. Daher wird das Schlimmste nie ausgeschlossen und nie akzeptiert. Eros sei ein schwarzer Gott, schreibt Pieyre de Mandiargues. Er ist überhaupt kein Gott, und eher der Grund, warum wir nicht an Götter glauben. Die Sexualität ist atheistisch, gottlos, libertinär. Kein Wunder, dass die Kirchen ihr misstrauen! Ich fand immer, dass eine intensiv und bewusst praktizierte Sexualität ein ziemlich überzeugender Einwand gegen jede Religion ist. Wie ist vorstellbar, dass ein Gott *das* ersinnen kann (diese Liebkosungen, diese Stellungen, dieses Aufbäumen), dass er *das* will oder auch verbietet? Und was gibt es Lächerlicheres als sich diesen selben Gott vorzustellen, wie er, da er doch als allgegenwärtig und allwissend gilt, in Millionen Schlafzimmern auch noch unsere armseligste Umarmung, flüchtigste Gefühlsregung, die harmloseste unserer Unverschämtheiten beobachtet?

Mir scheint Darwin hat über unser Sexualleben weit Erhellenderes zu sagen als die Theologen. Er präsentiert uns das Bild unserer ursprünglichen Tierhaftigkeit (natürlich durch die Kultur verwandelt), und ich kann mir nicht helfen, ich finde es sehr viel treffender als das, demzufolge ich die unvollkommene Nachbildung eines wie auch immer beschaffenen Schöpfers sein soll, von dem es heißt, er sei reiner

---

377 Lukrez, *De rerum natura*, IV, 1046 *(dira lubido)* und 1090 *(dira cupido)*; Virgil, *Aeneis*, IX, 185 *(dira cupido)*. Vgl. ferner Pascal Quignard, *Le Sexe et l'Effroi*, a. a. O., Kap. III, S. 84.
378 Das ist das Wort, das Jean Paulhan verwendet, um das männliche Begehren zu beschreiben: Vorwort zur französischen Ausgabe der *Geschichte der O* (Le Livre de Poche, 2009).

Geist und von unendlicher Güte ... Ich weiß natürlich, dass viele Gläubige das anders sehen. Das mag daran liegen, dass wir nicht die gleichen Erfahrungen, nicht die gleichen Empfindungen, den gleichen Glauben oder auch die gleichen Illusionen haben. Die Sexualität scheint mir, soweit ich sie erlebt habe, das Gegenteil einer Religion zu sein: die immer erneute, immer wieder aufwühlende Erfahrung dessen, was zutiefst animalisch in uns ist und damit auch – da die Tiere davon nichts wissen – zutiefst menschlich.

Die Natur umschließt uns. Sie regiert uns nicht. Ihre Gesetze lassen sich nicht brechen. Die unseren schon. Deshalb wenden sie sich an den Verstand. Diese Anfälligkeit, an der die Kultur Schuld trägt, ist eher ein Zeichen unserer Stärke als unserer Schwäche, eher ein Zeichen der Besonderheit unserer Menschlichkeit als der Eigenschaften, die wir mit den Tieren teilen. Der Mensch, das »denaturierte« Tier, wie Vercors schreibt[379]: das einzige, das sich der Natur widersetzt, das sich gegen sie auflehnt und sich dadurch von ihr unterscheidet. Trotzdem bleiben wir immer ein Teil der Natur (unsere Gesetze, mögen sie auch noch so übertretbar sein, übertreten keines der Naturgesetze, denn die lassen sich nicht brechen). Daher bleiben wir Tiere – sicherlich denaturiert, meinetwegen auch *übernaturiert* (durch die Sprache, die Kultur, die Geschichte), aber keineswegs übernatürlich. Das verleiht uns die Fähigkeit zur Erotik, nach der aller Wahrscheinlichkeit nach weder die Tiere noch die Engel die geringste Sehnsucht verspüren.

379 In seinem schönen und tiefgründigen Roman *Das Geheimnis der Tropis*, Berlin, Aufbau, 1958.

Darin liegt die Größe des Menschen im Besten wie im Schlimmsten. Nur ein sprechendes Wesen besitzt die Fähigkeit zu Plattitüden, Wortverstümmelungen, Grammatikfehlern… Andererseits ist es aber auch das einzige Wesen, das die Sprache achten, sie pflegen, rüde mit ihr umspringen, sich mit ihr auseinandersetzen, mit ihr spielen, sie bearbeiten und sie genießen kann. Allerdings muss man etwas zu sagen haben, und darüber entscheidet das Gehirn und nicht die Sprache. Entsprechend ist nur ein moralisches Wesen zu Lastern, Verbrechen, barbarischem Handeln fähig. Aber nur ein solches Wesen kann auch mit den selbst auferlegten oder übernommenen Verboten spielen, indem es mit ihnen sein Begehren und seine Phantasien nährt, sie verstärkt, verfeinert, kontrolliert, sie auswählt und genießt – mit einem Wort, praktiziert, was man auf dem Gebiet der Sexualität Erotik nennt. Allerdings müssen wir etwas zum Begehren oder Lieben haben: Und darüber entscheidet der Körper, nicht die Moral. Empfänden wir das Beste als so reizvoll, wenn wir nicht auch zum Schlimmsten fähig wären?

Das Begehren –
Abgrund und Antrieb

Die Sexualität kann man ebenso wenig isoliert betrachten wie den Tod. Die Sterblichkeit gehört zum Leben (das Sterben kann pathologisch sein, die Sterblichkeit selbst nicht. »Du stirbst doch gar nicht daran, daß du krank bist – du stirbst, weil du lebst«[380]). Was die Sexualität betrifft, so ist sie eine normale Manifestation des Begehrens, nicht anders als der Appetit oder der Hunger (Begehren der Nahrung), Durst (Begehren der Getränke), Habgier (Begehren des Geldes) oder Ehrgeiz (Begehren der Macht, des Erfolgs, des Ruhms). Man könnte mir entgegenhalten, dass Hunger weniger ein Begehren als die Empfindung eines Bedürfnisses ist, dass Habgier oder Ehrgeiz nicht so sehr Beispiele für Begehren als vielmehr für Leidenschaft sind, und schließlich, dass wir Begierde nach Getränken empfinden können, ohne Durst zu haben, und vielleicht Durst haben können, ohne Begehren nach Getränken zu empfinden… Aber ich fasse hier »Begehren« oder »Begierde« im weitesten Sinne auf, so wie Spinoza das Wort versteht: Begierde *(cupiditas)* ist »des Menschen Essenz selbst«, anders gesagt, sein Vermögen, zu existieren, zu leiden und zu handeln (sein *cona-*

---

380 Montaigne, *Essais*, III, 13, S. 483.

tus), insoweit es von seinen bewussten oder unbewussten, angeborenen oder erworbenen Affekten bestimmt wird – und tut notwendigerweise das, »was der Erhaltung des Menschen«[381] oder seiner Freude[382] dient. Das ist die Kraft in uns allen, die uns in der doppelten Bedeutung des Wortes bewegt: das »Strebevermögen«, wie Aristoteles sagt,[383] das jedem Lebewesen eine besondere Fähigkeit verleiht: »es bewegt sich selbst«[384] (auch dann, wenn es von außen gesteuert wird), und das »Begierde, Mut und Wille[n]«[385] umfasst, also auch Leidenschaft und Handeln. Das ist das Vermögen zu leben, insofern es sich im Handeln manifestiert und damit auch – da es endlich ist und sich immer einer Macht gegenübersieht, die stärker als es selbst ist[386] – im Streben nach Leben oder in unser aller Leben als Vermögen und Streben.

Begehren, Abneigung und Gleichgültigkeit

So verstanden kennt das Begehren keinen Gegensatz. Üblicherweise bildet es den Kontrast zur Abneigung, weil man in den beiden Affekten zwei gegensätzliche Tendenzen er-

---

381 Vgl. *Ethik*, III, Lehrsatz 6 bis 9 und Anmerkung (Bd. I, S. 122–124), desgleichen die Definition I der Affekte und ihre Erläuterung (a. a. O., S. 171). Siehe dazu *Ethik*, III, Definition 3 (a. a. O., S. 172).

382 a. a. O., S. 122–124: Lehrsatz II und Anmerkung. Vgl. auch die Definitionen 2 und 3 der Affekte und ihre Erläuterung (a. a. O., S. 172).

383 *Über die Seele*, III, 10, 433 a–b, Berlin, Akademie, 1959, S. 64–66.

384 ebd., das gelte auch, so erläutert Aristoteles, für »die andern Lebewesen (die Tiere)«.

385 a. a. O., II, 3, 414 b, S. 28. Vgl. Spinoza, *Ethik*, III, Erläuterung zur Definition I der Affekte (a. a. O., S. 171f).

386 *Ethik*, IV, Axiom, Lehrsatz 3, Bd. III, S. 197.

blickt: Das Begehren strebt nach seinem Objekt; die Abneigung flieht es. Aber flieht sie auch vor ihm, wenn sie nicht danach begehrt, es zu meiden? Also ist das Begehren im allgemeinsten Sinn die primäre Tendenz, die sich sowohl als Flucht (Abneigung) wie als Verfolgung (Begehren im engeren Sinn) äußern kann.

Und wenn es überhaupt an Begehren fehlt? Das wäre dann keine Abneigung mehr, sondern Gleichgültigkeit. Abneigung ist das Gegenteil von Begehren; Gleichgültigkeit seine Negation (Kontradiktion würde ein Logiker sagen).

Das bestätigt einen wichtigen Aspekt: dass das Begehren im weitesten Sinn, positiv wie negativ, ein einzigartiges normatives Unterscheidungsvermögen in uns ist, ohne das uns alles gleichgültig erscheint. Als das Vermögen, zu sein und zu handeln, zu dauern und auszudauern, zu genießen und Freude zu empfinden (und damit auch zu leiden und Traurigkeit zu empfinden), ist das Begehren infolgedessen auch das Vermögen, etwas hoch oder gering zu schätzen. Dazu erklärt Spinoza mit aller Klarheit,

daß wir nicht etwas begehren, weil wir es für gut halten, sondern im Gegenteil etwas gut nennen, weil wir es begehren; und folglich nennen wir das, was uns zuwider ist, schlecht. Deshalb beurteilt oder erachtet ein jeder von seinem je eigenen Affekt her, was gut ist und was schlecht, was besser ist und was schlechter, und schließlich was am besten ist und was am schlechtesten. So hält der Habgierige einen Haufen Geld für das Beste und Geldmangel für das Schlechteste. Der Ehrgeizige begehrt nichts so sehr wie Ruhm und fürchtet nichts so sehr wie Scham. Dem Neidischen ist nichts angenehmer als des anderen Unglück und nichts ärgerlicher als des anderen Glück. Und so ist es bei einem jeden, daß er von seinem je eigenen Affekt her ein Ding als gut oder schlecht, als nützlich oder schädlich beurteilt.[387]

Wer absolut nichts begehrt, steht also allem vollkommen gleichgültig gegenüber. Aber dann wäre er so gut wie tot.

Jedes Ding strebt danach, in seinem Sein zu verharren;[388] jedes Lebewesen strebt danach zu überleben (weshalb jeder Tod, auch der selbst gewählte, ein Scheitern ist).[389] Das Begehren ist dieses Streben, das sich in uns – bewusst oder unbewusst – äußert.

Daher umfasst das Begehren nach Spinozas Ansicht »alle Formen menschlichen Strebens, die wir mit dem Namen Trieb, Begierde oder Antrieb bezeichnen«[390]. Das sexuelle Begehren (*libido* bei Spinoza) ist nur ein Sonderfall des Begehrens, das sowohl eine Leidenschaft (Lüsternheit oder Wollust) wie auch ein vorübergehendes oder gemäßigtes sinnliches Verlangen bezeichnen kann.[391] Dieses Begehren

---

387 a.a.O., III, Anmerkung zum Lehrsatz 39, S. 149; vgl. auch a.a.O., Anmerkung zum Lehrsatz 9, S. 124.
388 a.a.O., III, Lehrsatz 6, S. 122.
389 a.a.O., IV, Anmerkung zum Lehrsatz 20, S. 210: Niemand bringt sich um, es sei denn, er wird »von äußeren… Ursachen besiegt« (auch wenn sie, was sich von selbst versteht, von innen wirken sollten).
390 a.a.O., III, Erläuterung zur Definition 1 der Affekte, S. 171..
391 a.a.O., III, Definition 48 und ihre Erläuterung, S. 186–187. Die Lüsternheit ist danach ohne Gegensatz, denn die Keuschheit ist keine Leidenschaft, sondern eine Macht des Geistes: »[W]enn der Lüstling traurig ist, weil er seiner Neigung nicht frönen kann, hört er deshalb nicht auf lüstern zu sein« (a.a.O., siehe auch V, 42, S. 299).

ist eine *Art* im logischen Sinn: die Untergruppe einer Gattung. Worin liegt ihr spezifischer Unterschied? In dem Begehren der geschlechtlichen Subjektivität eines anderen? Der »Begierde zum Koitieren« (*coëundi cupiditas*, wie es im lateinischen Original heißt)?[392] Dem Begehren des Orgasmus? Dem Begehren, begehrt zu werden? Dem bewussten oder unbewussten Streben nach Fortpflanzung der Art? Sicherlich all das zugleich und in unterschiedlichem Maß je nach Situation und Beteiligten. Das sexuelle Begehren ist wie jeder Affekt vielfältig, wandelbar und differenziert.[393] Allerdings mit einem spezifischen Merkmal, das allen Erscheinungsformen gemeinsam ist: dem Vermögen, Körper zu genießen, insofern sie geschlechtlich sind. Das ist das Wesen des Mannes und der Frau (oder vielmehr, da Existenz nur individuell möglich ist, eines bestimmten Mannes und einer bestimmten Frau), insoweit sie voneinander verschieden sind – insoweit sie Mann und Frau sind. Auch die Homosexualität, egal, ob männlich oder weiblich, setzt geschlechtliche Verschiedenheit voraus. Sogar die Bisexualität. Was hätten die Bezeichnungen »homo« oder »bi« sonst für einen Sinn? Und die Masturbation, insoweit sie männlich oder weiblich ist. Kein Verhalten ist sexuell, wenn es nicht zuvor geschlechtlich ist. Deshalb gehört die Sexualität zur Natur. Sonst gäbe es keine Kultur.

392 a.a.O., III, Erläuterung zur Definition 48, S. 186.
393 a.a.O., III, Lehrsatz 56 und Beweis. Vgl. auch, a.a.O., Erläuterung zur Definition 1 der Affekte, S. 171f.

Die Lust begehren
oder den anderen begehren?

Das Begehren lässt sich auf zwei Arten denken: Als *Mangel* (Platon, Schopenhauer, Sartre...) oder als *Vermögen* (Aristoteles, Spinoza, Nietzsche...). Die Sexualität spricht für die zweite Auffassung: Die körperlichen Manifestationen des Begehrens lassen eher auf Überfluss als auf Knappheit schließen, eher auf Kraft als auf Schwäche, doch das beweist kaum etwas (Überschuss kann physiologisch auch ein Zeichen für Mangel sein). Ich glaube, im vorliegenden Fall brauchen wir nicht zwischen den beiden Auffassungen zu wählen. Sie sind beide wahr: Sie widersprechen sich nur insofern, als sie verschiedene Erfahrungen oder unterschiedliche Blickwinkel beschreiben. Daher widersprechen sie sich weniger, als dass sie sich ergänzen (auch wenn ich finde, dass die zweite Auffassung stärker ist: Jene erklärt diese besser als umgekehrt). Ich werde auf die beiden daraus folgenden Liebesbegriffe nicht näher eingehen, da ich das an anderer Stelle schon ausführlich getan habe.[394] Mir geht es hier um die Sexualität, also weniger um die Liebe, die man empfindet, als um die, die man macht oder machen möchte.

Sartre schreibt in *Das Sein und das Nichts*, dass »die Lust der Tod und das Scheitern der Begierde«[395] ist. Gewiss, denn »die Begierde ist Mangel«[396], wie auch er sagt (es genügt

---

394 *Ermutigung zum unzeitgemäßen Leben. Ein kleines Brevier der Tugenden und Werte*, Kapitel 18, Reinbek, Rowohlt, 1996; und *Liebe. Eine kleine Philosophie*, Zürich, Diogenes, 2014.
395 *Das Sein und das Nichts*, a. a. O., S. 694.
396 a. a. O., S. 970.

nicht, Phänomenologe und Atheist zu sein, um Platon zu entgehen), und die Lust beseitige das Begehren, indem sie es befriedige! Essen stillt den Hunger. Trinken den Durst, jedenfalls meistens. Und der Liebesakt beseitigt in der Regel – jedenfalls bei Männern und auch bei ihnen nur vorübergehend – das Begehren des Vollzugs... Leidenschaft und Ausschweifung stoßen rasch an ihre körperlichen Grenzen. Daher verweist uns die Sexualität, auch wenn sie uns von der Unendlichkeit träumen lässt, auf unsere Endlichkeit. Der Orgasmus ist mehr noch als die Keuschheit eine Unterweisung in Mäßigung. Der Körper ist weiser als der Geist.

Wir müssen uns hüten, den Hunger (den Mangel an Nahrung) mit dem Appetit (dem Vermögen zu genießen, was wir essen) zu verwechseln. Wir müssen uns hüten, die sexuelle Frustration mit dem sexuellen Vermögen zu verwechseln. »Mangel leiden«, »auf Entzug sein« heißt frustriert sein, was sich zwar nicht immer als Leiden manifestieren muss wie der Hunger, aber sich doch als Beklemmung äußert, als Unbehagen oder Anspannung. In der Lage sein, zu genießen oder Genuss zu bereiten, ist eine Fähigkeit, ein Vermögen (Vermögen zum Genuss, Genuss am Vermögen) und bereits eine Lust. Jeder weiß, dass Menschen, die frustriert sind, nicht die besten Liebhaber und Geliebten sind. Weit eher verstärkt die Frustration das Risiko der Impotenz oder Frigidität, des Vaginismus und der Ejaculatio praecox. Regelmäßige sexuelle Betätigung dagegen führt meist, wenn nicht übermäßige Routine hinzukommt (obwohl auch die sehr reizvoll sein kann), zu einem entspannteren Ablauf. Eine gute Geliebte oder ein guter Liebhaber ist besser als ein guter Sexologe.

Was ist sexuelles Vermögen? Das Vermögen, zu genießen und Genuss zu bereiten – das heißt im Grunde, den Menschen zu begehren, der nicht fehlt, der da ist, der verfügbar ist, der sich hingibt oder uns nimmt, der sich fallen lässt und uns glücklich macht. Doch so leicht wird man Platon oder die Endlichkeit nicht los. Der Mangel meldet sich rasch wieder zu Wort (ein paar Tage genügen), kein Vermögen ist davon völlig frei (es sei denn, es wäre unendlich oder wir wären Gott), doch auch das Vermögen, Mangel zu empfinden, bleibt ein Vermögen. Wie kann jemand, der niemals Hunger hat, mit gutem Appetit essen? Die Magersucht ist eine Schwäche, keine Kraft. Und wie soll jemand, der nie Lust auf Sex hat, sexuell vermögend sein? *Omnis determinatio est negatio*, schrieb Spinoza[397]: Alle Bestimmung ist eine Verneinung, womit jedes endliche Vermögen die Möglichkeit des Mangels in sich trägt, in dem weniger das Wesen des Vermögens als seine Begrenzung zum Ausdruck kommt. Besser man hat Sex als Mangel. Aber besser auch, man ist auf sexuellem Entzug als tot. Deshalb braucht man sich nicht zwischen Platon und Spinoza zu entscheiden. Sie haben beide recht, und sie widersprechen sich auch nicht, da sie nicht von der gleichen Sache sprechen. Oder doch, sie sprechen von der gleichen Sache (von der Liebe und der Sexualität), aber nicht von den gleichen Situationen, nicht von den gleichen Gefühls- oder Sinneserlebnissen. Platon hat immer dann recht, wenn wir uns vor allem

---

397 Brief 50, an Jarig Jelles. Diese Formulierung habe ich ausführlich kommentiert in meinem Buch *Traité du désespoir et de la béatitude*, Kapitel I, Abschnitt V (S. 72 bis 77 des Neudr. in einem Bd., PUF, Sammlung »Quadrige«, 2002).

das wünschen, was uns fehlt. Und Spinoza, wenn wir uns das wünschen, was ist oder was wir tun. Platon sagt die Wahrheit über die Leidenschaft, die Begierde, die Frustration; Spinoza eher über das Handeln, die Lust und die Freude – sagen wir, über das Vermögen, zu genießen und sich zu freuen, also auch über die Sexualität, wenn sie kein Mangel ist, und über die Liebe, wenn sie kein Leiden ist.

Wenn wir Sex haben und der Sex gut ist, woran sollte es uns mangeln? Gewiss, ein Platoniker strenger Observanz könnte uns entgegenhalten: »Klar ist da noch etwas, was dir fehlt, während du Sex hast – der Orgasmus.« Und natürlich ist das nicht ganz falsch. Aber ist er die Hauptsache? Wenn Ihnen der Orgasmus fehlt, bringt Sie die Masturbation rascher, sicherer und gelegentlich besser ans Ziel. Während des Liebesaktes ist die entscheidende Frage, die wir dem anderen oder uns stellen müssen: Was begehrst du wirklich? Den Orgasmus oder den anderen? Den Höhepunkt oder Sex zu haben? »Wem es beim Liebesakt nur um den Orgasmus geht, praktiziert masturbatorische Sexualität«, so formulierte es eine befreundete Psychiaterin. Das lässt ahnen, was eine auf Liebe oder Beziehung basierende Sexualität sein könnte: eine Sexualität, der es weniger um den Orgasmus als um die Liebe oder den Liebesakt geht, als um Begegnung, als um Teilen, um eine – wenn auch nicht bruchlose – Harmonie der Begierden und Phantasien, der Liebkosungen und Lusterlebnisse.

Trotzdem wollen wir diesen Gegensatz nicht zu sehr strapazieren. Zwischen der masturbatorischen Sexualität (dem Begehren des Orgasmus) und der Beziehungssexualität (dem Begehren des anderen) besteht keine Unverträglichkeit. Fast immer sind beide vorhanden. Wer noch nie den Orgasmus begehrt hat, werfe den ersten Stein auf mich. Und wer die Masturbation vorzieht, werfe den zweiten. Tatsächlich haben wir alle lieber Sex – mit oder ohne Orgasmus – und empfinden mehr Freude am Orgasmus des anderen, wenn er stattfindet, oder an seinem Begehren, an seiner Aufgewühltheit, seinen Emotionen, vor allem wenn die Liebe hinzukommt, als an unserer eigenen Lust, die im Übrigen ihrerseits wechselhaft und gelegentlich enttäuschend ist. Wer mag schon mit einem Dildo oder einer aufblasbaren Puppe vorliebnehmen? Wer gäbe sich nur mit der Prostitution zufrieden, es sei denn, er tröstete sich mit Illusionen? Oft hört man von Prostituierten, ihre Freier träumten davon, sie zum Orgasmus zu bringen. Was bestätigt, dass diesen Männern ihr eigener Orgasmus nicht genügt. Das Begehren des anderen, die Lust des anderen ist ihnen genauso wichtig und manchmal noch wichtiger. Daher halten sie sich lieber an die Prostituierten als an die Masturbation. Die Ejakulation allein kann sie nicht befriedigen: Sie wollen einen Liebesakt, und die Prostituierten, die das wissen, tun so, als ließen sie sich darauf ein.

Dass wir keine Wahl haben zwischen der masturbatorischen Sexualität und der Beziehungssexualität, erlaubt uns nicht, sie zu verwechseln. Den Orgasmus zu begehren ist nicht dasselbe wie den anderen zu begehren. Genauso wenig wie die einsame Lust, etwa bei Onanie, dasselbe ist wie die Lust am anderen, durch den anderen und, wenn möglich, mit dem anderen. Selbst die Masturbation ist, wie jeder weiß, schöner zu zweit. Deshalb ist der Orgasmus nicht alles. Deshalb ist er nicht entscheidend. Sinnlichkeit hat mehr mit Psychologie als mit Physiologie zu tun. Die Lust ist nur dann befriedigend, wenn wir nicht allein sind.

Im Übrigen scheint mir, dass uns der Orgasmus umso nebensächlicher erscheint, je älter wir werden. Der unsere, wohlgemerkt. An dem unseres Partners ist uns aus den verschiedensten Gründen – und nicht nur aus Eigenliebe – noch immer sehr gelegen. Seien wir doch ehrlich: Unser eigener Orgasmus ist nicht mehr unser vordringlichstes Problem. Wir haben etliche tausend erlebt, der Körper hat nicht mehr die gleichen Bedürfnisse, den gleichen Drang, die gleiche Empfindungsfähigkeit… Aber welche Lust dagegen, den anderen zu begehren und von ihm begehrt zu werden! Und welche Lust, eine Erektion zu haben für den Menschen, den man liebt oder begehrt! Welche Lust, aufgewühlt zu werden vom anderen, festzustellen, dass man ihn aufwühlt, wie erregend, diesen Vorgang an ihm wahrzunehmen, was für ein wunderbares Schauspiel, ihn zu betrachten, wie er uns betrachtet! Welche Lust, zu zweit zu sein, sich zu berühren, sich zu streicheln, sich gegenseitig zu nehmen, sich gegenseitig hinzugeben, sich einzurichten in dieser Intimität, dieser Zweiheit, dieser mit nichts zu vergleichenden Beziehung… Es gibt eine Fülle des Begehrens, zu dem oft noch die Liebe hinzukommt, was zwar noch schöner ist, aber das Begehren kann sich auch selbst genügen. »Die verwirklichte Liebe der Sehnsucht, die Sehnsucht blieb.« Das sei die Wahrheit der Erotik, sagte ich, also auch, allgemeiner, des Geschlechtsakts, sobald er zum Selbstzweck wird (und nicht einfach zu einem Mittel, um den Orgasmus zu erreichen). Sich körperlich zu lieben ist etwas ganz anderes, als den Höhepunkt der Lust auf dem kürzesten Weg anzusteuern, denn es heißt, zu kommunizieren in der Begegnung zweier Einsamkeiten, zweier Endlichkeiten, zweier Unvollständigkeiten (der Wahrheitsgehalt des Mythos von Aristophanes), es heißt, Lust zu haben an dem Begehren, das man empfindet oder das man weckt. Die masturbatorische Sexualität, einschließlich des Koitus, ist eher das Gegenteil: Das ist die Liebe zur Lust mehr als zum Begehren, die Liebe zu sich selbst und nicht zum anderen. Vor einigen Jahren las ich in einer Frauenzeitschrift die folgende Äußerung einer verheirateten Frau: »Ich habe es satt, mit meinem Mann zu schlafen, oder vielmehr, mich von ihm nehmen zu lassen. Er will nur seine Nummer schieben!« Um auszudrücken, was sie empfand, verwendete sie einen sehr rohen, aber sehr anschaulichen Ausdruck: »Ich habe den Eindruck, dass er seine Notdurft in mir verrichtet.« Das bezeichne ich als masturbatorische Sexualität: seine Notdurft im oder durch den anderen verrichten. Das kann jedem passieren und sogar Lust bereiten (uns selbst und dem anderen), trotzdem ist »seine Notdurft in jemand anders verrichten« wohl kaum mit dem Liebesakt zu vergleichen.

Gelebtes Begehren

Die menschliche Sexualität besitzt einen entmutigenden Aspekt, oder vielmehr zwei Aspekte: die Enttäuschung, solange die Sexualität ein Gegenstand der Hoffnung ist; die Fülle, wenn wir begehren, ohne zu hoffen.

Wenn Sie sich ein halbes Jahr lang nach einem Menschen

verzehren, können Sie, endlich am Ziel Ihrer Wünsche, der Enttäuschung kaum entgehen. Ein halbes Jahr Werben, Verlangen, Phantasieren, ein halbes Jahr Ungeduld, Schlaflosigkeit – und plötzlich willigt sie ein, ist sie da, gibt sich hin oder nimmt Sie... Selbst wenn es gut läuft (was nicht unbedingt wahrscheinlich ist nach einem halben Jahr Warten und Frustration), gibt es diese leise Stimme in Ihnen, die gleich nach dem Orgasmus, bei der ersten Zigarette, dem ersten Wort oder dem ersten Schweigen flüstert: »Nach alledem doch nur das? Das Übliche...« Na und? Was haben Sie erwartet? Was hätte denn anders sein sollen? Vorher, nachher... Was für ein Unterschied! »Genossen kaum, und alsobald verachtet«[398], lautet Shakespeares trauriges Fazit. Denn der Mangel ist behoben. Als wäre das Vermögen selbst abgeschafft oder außer Kraft gesetzt, als wären wir in unserem Sein eingeschränkt (was, wir erinnern uns, der spinozistischen Definition der Traurigkeit entspricht). Insofern enthält der bekannte Ausspruch *Post coitum omne animal triste* (»Nach dem Koitus ist jedes Tier traurig«) einen Kern von Wahrheit. Roland Jaccard, der eher Schopenhauerianer oder Freudianer ist, was in etwa auf das Gleiche hinausläuft, hat es ironisch ausgedrückt: »Diese modische Orgasmusrhetorik soll doch nur verbergen, dass der Sexualtrieb in seinem Innersten eine Tendenz nährt, die sich jeder Befriedigung widersetzt; der Sexualität frönen heißt, die Last der Ernüchterung auf sich zu nehmen.«[399] Das ist der Preis, den wir für den Zauber der Sexu-

---

398 Aus demselben *Sonett 129*, aus dem ich oben zitiert habe (a.a.O., S. 1285).

399 Roland Jaccard, *La Tentation nihiliste*, PUF, 1989, S. 16.

alität oder der Liebe zahlen müssen. Dazu fällt mir ein Bonmot von George Bernard Shaw ein: »Es gibt in unserem Dasein zwei Katastrophen. Die erste tritt ein, wenn unsere Begierden nicht befriedigt werden. Die zweite, wenn sie es werden.« Soll heißen, alle Hoffnung wird betrogen, sogar und vor allem, wenn sie sich erfüllt.

In der Paarbeziehung ist das ein Grund zum Verzweifeln, manchmal aber, wenn die Liebe die Hoffnung überlebt oder ersetzt, auch ein Grund zur Freude inmitten dieser Verzweiflung (jedenfalls in dem Sinn, in dem ich dieses Begehren verstehe: nicht als Traurigkeit angesichts der Zukunft, sondern als Fülle angesichts der Gegenwart). Was begehren Sie? Dass es den anderen gibt, dass er da ist, dass er sich hingibt oder Sie nimmt. Sein großzügiges Geschenk für Sie. Was könnten Sie mehr begehren? Was bleibt Ihnen darüber hinaus zu hoffen? Dass es dauert? Gewiss, doch darin äußert sich nur, was in Ihnen an Ohnmacht, Besitzanspruch und Angst schlummert. In ihren besten Augenblicken befreit uns die Sexualität davon. Weil das Präsens genügt und der Hoffnung keinen Raum gibt. Der Liebesakt ist das Gegenteil der Hoffnung. Der Orgasmus auch. Erfahrungen der Fülle. Man sagt sich nicht: »Vorausgesetzt, das hält an« oder »Mehr ist das nicht?«, sondern: »Wie ist das wunderbar!«

Wenn Sie dagegen auf den Liebesakt hoffen, fürchten Sie, ihn nicht vollziehen zu können. Wenn Sie auf eine Erektion hoffen, besteht das Risiko der Impotenz. Es gibt keine Hoffnung ohne Furcht, erklärt uns Spinoza.[400] Wenn ich auf eine

400 *Ethik*, III, Anmerkung zum Lehrsatz 50, S. 156 f.; Erläuterungen zu den Definitionen 12 und 13 der Affekte, S. 175 f. Vgl. ferner im vierten Teil den Beweis des Lehrsatzes 47, S. 233 f.

Erektion hoffe, befürchte ich, dass sie nicht zustande kommt. Und was gibt es Störenderes in diesem Kontext als die Furcht? Deshalb ist Vertrauen so gut, die Liebe so gut. Im Übrigen weiß jeder, dass eine Frau einem Mann am besten dabei hilft, sich zu beweisen, wie es so töricht heißt, indem sie ihm das Gefühl gibt, dass er nichts beweisen muss, dass sie ihn auf jeden Fall liebt, Erektion hin oder her – kurzum, indem sie eine Situation schafft, in der er nicht auf eine Erektion hoffen muss. Ich denke, Gleiches gilt für die weibliche Lust. Wie sollte sie nicht beeinträchtigt werden, wenn sie zur Pflicht wird? Wie kann sich die Frau ihr hingeben, wenn sie auf sie hofft? Unter Liebenden ist Begehren besser als Hoffnung. Und Vertrauen besser als Furcht.

An anderer Stelle habe ich gezeigt, dass Hoffnung Begehren ohne Lust, ohne Wissen, ohne Vermögen ist.[401] Die Liebenden dagegen begehren voller Lust, Wissen und Vermögen.

Sie begehren erstens voller Lust, und das lange vor dem Orgasmus. Sie begehren, zu begehren und begehrt zu werden; sie stellen fest, dass es wirklich der Fall ist, und sind hingerissen: Sie genießen das Begehren, das sie füreinander empfinden, genießen das, was sie zusammen sind, was sie zusammen tun und was wichtiger für sie ist als die paar Sekunden Orgasmus, der viel zu schnell kommt. Daher scheint der *Boléro* von Ravel für fast alle eine Beschwörung des Geschlechtsakts zu sein: Jeder Augenblick ist reizvoll,

---

401 *Le bonheur, désespérément*, Pleins Feux, 2000 (Neudr. Librio). Vgl. auch *Une éducation philosophique*, PUF, 1989, S. 343–355 (»Sagesse et désespoir«).

aber am schönsten ist, dass es dauert, dass es sich wiederholt, dass es sich steigert. Das Ende, sei es nun fulminant oder enttäuschend (bei Ravel ist es genialerweise beides zugleich), hat weniger Bedeutung als der Weg dorthin.

Die Liebenden begehren zweitens voller Wissen. Sie begehren die Wahrheit dessen, was sie erleben, was sie sind (ihre Körper), was sie sehen (die Wahrheit des Blicks: Sie lieben sich am helllichten Tag), die Wahrheit dessen, was sie mit allen Sinnen erkunden, was sie entdecken oder wiederfinden, erkennen oder wiedererkennen. Bekanntlich ist »Erkennen« in der Bibel ein Ausdruck für den Geschlechtsakt. Keine andere Form der Erkenntnis kann diese ersetzen.

Drittens genießen die Liebenden ihr Vermögen: Sie genießen ihre Fähigkeit, Lust zu haben und Lust zu schenken, sie genießen die Freude am Sex, die sie gemeinsam haben und einander bereiten. Daher genießen sie nichts anderes als das, was sie tun, und tun in diesem Augenblick nichts anderes als das, was sie begehren. Kann man wunschloser glücklich sein? Selbst der Mangel, der in ihnen wächst und wächst und wächst, erscheint wie Fülle (ja, das ist es: Sie sind zugleich überglücklich und unersättlich!). Das ist das gelebte Begehren, und nichts hat mehr Ähnlichkeit mit dem Glück.

Wir erhoffen nur das, was unwirklich ist, und lieben nur das, was wirklich ist. Das macht den Unterschied deutlich. Besser wir begehren das, was wir tun, das heißt, lieben oder handeln (lieben und handeln, wenn es sich um den Liebesakt handelt), als dass wir begehren, was nicht ist, das heißt, dass wir hoffen und fürchten (wenn sich das Begehren auf die Zukunft richtet) oder bereuen (wenn es der Vergangenheit gilt).

Gott ist der absolute Mangel. Wir nennen das Transzendenz, was mir vor Augen führt, warum ich die Sexualität immer als zutiefst irreligiös empfunden habe: weil das Begehren, wenn es sich auf das Wirkliche richtet (wenn es die Wirklichkeit selbst ist im Handeln und im Vermögen!), der Hoffnung keinen Raum mehr lässt. Wen schert das Paradies, wenn er Sex hat? Und wozu braucht er einen Gott, wenn ihm der Körper des anderen genügt?

In der Sexualität gibt es etwas, das verzweifeln lässt. Darin liegt das Befreiende der Sexualität, oder könnte es liegen: Sie befreit uns von der Hoffnung und deren Fallstricken, indem sie unsere Sinne öffnet für das Wirkliche und die Liebe. Wir hoffen nur auf das, was nicht ist, und wir lieben nur das, was ist. Und was wäre wirklicher als der Körper, den ich umarme und der mich umfängt, den ich erkunde und der sich hingibt? Das Glück des Begehrens, das Liebe ist, zählt mehr als das Begehren des Glücks, das nur Hoffnung ist. Alle Weisheit der Welt ist hier zu finden, und die Sexualität kann uns, auch wenn sie allein nicht genügt, den Weg dorthin zeigen. Wann wäre das Glück zu begehren größer als während des Liebesakts? Weisheit des Körpers: Weisheit des Begehrens, der Lust, des Handelns. »Es muss zur Sache gehen«, sagt einer meiner psychoanalytischen Freunde häufig, womit er natürlich den Geschlechtsakt meint. So roh und trivial der Satz auch ist, er sagt trotzdem etwas Wichtiges aus. Besser Sex zu haben, als zu träumen.

Der Sex besiegt den Tod

Dass der Sex den Tod besiegt, stimmt leider nicht. Oder vielmehr, es trifft nur für die Art zu (die geschlechtliche Fortpflanzung sorgt für die Quasi-Unsterblichkeit der Gene[402]), keineswegs für das Individuum. Die Art ist geschlechtlich, hat aber kein Geschlecht; sie ist sterblich, aber sie selbst stirbt nicht. Denn die Art ist nur eine Abstraktion. Allein die Individuen (Dawkins' »Überlebensmaschinen«) ermöglichen das Leben und Überleben der Art. Daher gehören Sex und Tod zusammen, zumindest als Möglichkeit für jedes geschlechtliche Lebewesen, und schließen sich für das Individuum nur insofern aus (die Toten haben keinen Sex mehr), als sie sich für die Art ergänzen.

Wie Darwin gezeigt hat, sind das die beiden entscheidenden Elemente der natürlichen Selektion, dank denen der Zufall der Mutationen erst wirklich schöpferisch wird. Welche Mutationen bleiben im Lauf der Jahrtausende erhalten? Diejenigen, die dem Überleben und, wichtiger noch, der Fortpflanzung dienen: Der Zufall schlägt vor, Sex und Tod entscheiden. Daraus resultiert die Evolution der Arten, aus der wiederum wir resultieren. Mithin sind wir, wie ein namhafter Biologe es ausdrückt, »die Kinder von Sex und Tod«[403].

402 Vgl. Richard Dawkins, *Das egoistische Gen*, Reinbek, Rowohlt, 1996, »Die unsterblichen Spiralen«, S. 64 und S. 72 (»Die Gene sind die Unsterblichen, oder besser: Sie sind als Einheiten definiert, die etwas nahekommen, das diese Bezeichnung verdient«). Allerdings sollten wir die Gene, die potentiell unsterblich sind, nicht mit den Chromosomen verwechseln, die die Träger der Gene sind und deren Lebensdauer nur eine Generation beträgt.
403 Jacques Ruffié, *Lieben und Sterben*, Reinbek, Rowohlt, 1990, S. 14.

Das gilt für das Individuum, also für jeden von uns: Wir sind alle Nachkommen von Toten, alle aus einem Koitus hervorgegangen, oder vielmehr aus einer ununterbrochenen – wenn auch diskontinuierlichen – Kette von Koitussen, die in unabsehbarer Zahl zurückreichen bis zum ersten Mann, zur ersten Frau (oder noch weiter zurück, denn der Mensch ist aus Millionen nicht menschlichen Koitussen hervorgegangen), und deren Akteure zum Zeitpunkt unserer Geburt praktisch alle tot waren. Unsere Eltern haben uns definitionsgemäß in unserer Abwesenheit gezeugt. Sie haben uns gezeugt – ohne es zu wissen, häufig ohne es zu wollen – in einem Akt der Liebe, oder gaben es vor, indem sie diese Gesten vollzogen, die älter sind als wir, älter als unsere Eltern, älter sogar als die Menschheit. Das stellt für jedes Individuum so etwas wie eine Urszene dar, die es hervorgebracht hat und die es nicht sehen kann. Pascal Quignard beschreibt sie elegant und mit großem Ernst:

> Die zufallsbedingte geschlechtliche Fortpflanzung, die Selektion durch den unvorhersehbaren Tod und der Beginn des individuellen Bewusstseins... sind eine einzige Sache, die zu einem bestimmten Zeitpunkt passiert.
> Doch diese »Sache, die zu einem bestimmten Zeitpunkt passiert«, können wir unter keinen Umständen sehen.
> Wir sind aus einer Szene hervorgegangen, in der wir nicht anwesend waren.[404]

---

404 P. Quignard, *Le Sexe et l'Effroi*, a.a.O., S. 10. Vgl. auch *La Nuit sexuelle*, a.a.O., vor allem S. 7 (»Ich war nicht zugegen in der Nacht, als ich empfangen wurde«) und S. 83.

Sterbliche von Sterblichen geboren, geschlechtliche Geschöpfe von ihresgleichen gezeugt: dazu geboren, um zu sterben und zu begehren, oder besser (da keine Bestimmung vorliegt): unfähig, der Sexualität oder dem Tod zu entgehen.

Das gilt auch für die Art, die nur um diesen Preis wurde, was sie ist. »Die Evolution ist nur möglich geworden«, schreibt François Jacob, »weil die genetischen Systeme selbst einen Evolutionsprozess durchlaufen haben: die beiden wichtigsten Bestandteile davon sind der Sex und der Tod«.[405] Einige Jahrzehnte später kam Jacques Ruffié zur selben Einsicht: Nur die Sexualität und Sterblichkeit, die miteinander verbunden sind, haben den »evolutionären Fortschritt« ermöglicht, oder besser, sie haben ihn erheblich beschleunigt: »Ohne sie befänden wir uns noch im Bakterienstadium.«[406] Bakterien pflanzen sich durch einfache Zellteilung fort und kennen daher weder Sex noch Tod noch die fruchtbare Erneuerung, die beide gemeinsam unablässig erzwingen und fortführen. Sex und Tod sind daher »die beiden Tribute, die wir für den evolutionären Fortschritt entrichten«.[407]

Damit beginnt alles ständig von neuem; damit vollendet sich alles; damit verändert sich alles und setzt sich alles fort. Das sind die beiden Gesichter des Lebens, wie die beiden

---

405 François Jacob, *La Logique du vivant, Une histoire de l'hérédité*, Gallimard, 1970, zitiert in: Pascal Picq und Philippe Brenot, *Le Sexe, l'homme et l'évolution*, Odile Jacob, 2009, S. 8.
406 J. Ruffié, *Lieben und Sterben. Zur Evolution von Sexualität und Tod*, Reinbek, Rowohlt, 1990, S. 14.
407 a. a. O., Kap xv, S. 352.

Pole – der eine positiv, der andere negativ –, die den Raum oder die Dauer strukturieren. Kein Wunder, dass sie sich gelegentlich ähneln (mittlerweile ist es ein Gemeinplatz vom »kleinen Tod« des Orgasmus zu sprechen), ohne sich jemals zu mischen oder zu verbinden. Einen Orgasmus haben heißt, ein bisschen zu sterben. Für das männliche Geschlecht genügt die Physiologie: »Die Männlichkeit des Mannes versinkt in der tierischen Lust auf die gleiche Weise wie der Körper des Menschen im Tod.«[408]

Doch das haben auch schon viele Frauen bekannt: »In meines Liebsten treuen Armen sterbe ich«, schrieb im 17. Jahrhundert beispielsweise Marie-Catherine de Villedieu in dem Gedicht *Jouissance*, »und find' in diesem Tod das Leben«.[409] Das ist mehr als eine Metapher. Dazu ein Psychoanalytiker: Der Orgasmus »ist eine zeitweilige Aufhebung von Mangel und Begehren; wie der Tod beseitigt er die spezifischen Spannungen des Lebens«[410] – gelegentlich bis hin zu jener Spannung, man selbst zu sein. Der Orgasmus setzt voraus, dass man sich aufgibt, »loslässt«, wie man heute sagt, nennen wir es einen Kontrollverlust, der bis zum Identitätsverlust gehen kann. Einige haben davor Angst. Die mit mir befreundete Psychiaterin erklärte mir einmal: »Der Mensch hat drei große Ängste: die Angst vor dem Tod, die Angst vor dem Wahnsinn und die Angst vor dem Orgasmus: das sind die drei Selbstver-

408 P. Quignard, *Le Sexe et l'Effroi*, Kap. iii, a. a. O., S. 86.
409 Pierre Corneille, *L'occasion perdue, recouverte*, Paris, Jules Gay, 1862, S. 87.
410 Janine Revel, zitiert in: Isabelle Taubes, Psychologies.com, Februar 2001.

luste.« Ich weiß nicht, ob man so weit gehen kann; aber es gibt zumindest eine Richtung an – die einer vom Ich befreiten Lust. Diese ist am größten, wenn niemand mehr da ist, der sie empfindet: weil es nichts mehr gibt als nur die Lust.

Das Ich wird trotzdem sterben, und daran erinnert uns der Orgasmus vielleicht.

Die Alten wussten es bereits: Die sexuelle Aktivität steht zugleich für die Sterblichkeit des Individuums und das Überleben der Art, sie »ordnet sich also in den weiten Horizont von Tod und Leben, Zeit, Werden und Ewigkeit ein. Sie ist notwendig, weil das Individuum dem Sterben geweiht ist und damit es doch in gewisser Weise dem Tode entkommt«[411] oder damit ihm zumindest etwas entkommt (seine Gene, würde man heute sagen), ohne dass deshalb irgendjemand der Tod erspart bliebe (jedes Kind Sterblicher ist sterblich).

Eros, thanatos: das Alpha und Omega des Lebens, so unauflöslich für jeden von uns wie die beiden Seiten einer Medaille, wie das Doppelgesicht des Janus, und dieser Janus sind wir.

Die Modernen hören nicht auf, es wiederzuentdecken.[412] Wenn »die Wollust so oft an den Tod gebunden« ist, wie

411 Michel Foucault, *Sexualität und Wahrheit*, Bd. II, »Der Gebrauch der Lüste«, a. a. O., S. 174; vgl. ferner S. 175–179.
412 Vgl. beispielsweise *Sexualität und Wahrheit*, Bd. I, *Der Wille zum Wissen*, S. 186 f. Vgl. auch Bataille, der dieser Dimension eine unverhältnismäßige Bedeutung einräumt: *Der heilige Eros*, a. a. O., S. 10, (die Formel, »die Erotik [ist] die Zustimmung zum Leben bis in den Tod hinein«), S. 141 (»Der höchste Sinn der Erotik ist der Tod«), S. 230–235 und 258.

Sartre und viele andere vor ihm festgestellt haben,[413] dann nicht nur deshalb, weil sie dem Begehren, das sie anstrebt und ermöglicht, ein zumindest vorübergehendes Ende setzt, sondern auch, weil Tod und Sexualität für unsere Fleischwerdung stehen, als das »Mitten-in-der Welt-Sein« (Sache unter Sachen, lebendig unter Lebenden), also ebenfalls als Endlichkeit (sterblich unter Sterblichen). Was gibt es Begehrenswerteres als das Begehren? Was Fragileres? Was Lebendigeres? Was Vergänglicheres? Diese Ambivalenz, die die der Sexualität ist, ähnelt uns oder definiert uns. »Alles Glück der Sterblichen ist sterblich«, lautet ein wunderbarer Ausspruch Montaignes,[414] der in besonderem Maße für das sexuelle Glück gilt, denn das führt uns stets, ob lustvoll oder traurig, an diese fundamentale Endlichkeit, die unendlich nur insofern ist, als sie uns über uns hinausführt. Sterblich und geschlechtlich: das sind wir und sind es erst dann nicht mehr, wenn wir nicht mehr sind. Weder Sex noch Tod ist für uns vermeidbar.

Woher kommen wir? Wohin gehen wir? Wir wissen es nur zu gut; wir werden es niemals wissen. Das ist das Geheimnis von Sex und Tod. Paul Ricœur hat das klar erkannt: »Letztlich bleibt die Sexualität wohl unerforschlich für den Verstand und unzugänglich für die Kontrolle des Menschen«, diese »Undurchdringlichkeit« macht »das Wunder und das Rätsel der Sexualität«[415] aus. Sicher, die Gelehrten können uns einiges über unsere Sexualität erzählen. Die

413 *Das Sein und das Nichts*, a. a. O., S. 686.
414 *Essais*, II, 12, a. a. O., S. 287.
415 Paul Ricœur, »Sexualité, la merveille, l'errance, l'enigme«, in: *Histoire et vérité*, Seuil, 1967, Neudr.: »Points«, 2001, S. 225 und 235.

Humanwissenschaften sind nicht für Hunde gedacht. Und die Naturwissenschaften genauso wenig.[416] Doch da sich unsere Sexualität zumindest teilweise jeder objektiven Untersuchung entzieht, können wir sie nur subjektiv erleben – in dem *Aufgewühltsein*, das sie kennzeichnet und das uns daran erinnert, dass wir keine Objekte oder nicht nur Objekte sind und dass keine Untersuchung die Stelle dessen einnehmen kann, der Gegenstand der Untersuchung ist. Es liegt mir fern, die Sexologen zu entmutigen. Aber sehen wir doch ein, dass die Sexualität interessanter ist als die Sexologie... und reizvoller und faszinierender. Das ist der Grund für dieses permanente Gefühl der Fremdheit selbst in unseren alltäglichsten Liebeserlebnissen. »Wenn sich zwei Menschen umarmen, wissen sie im Grunde nicht, was sie tun; sie wissen nicht, was sie wollen; sie wissen nicht, was sie suchen; sie wissen nicht, was sie finden.«[417]

Die Liebe? Nicht immer. Die Lust? Häufiger, aber ohne dass sie unbedingt notwendig wäre. Das Begehren selbst? Gewiss – das eigene, das des anderen –, aber eines, das dann wie das Symbol oder der Ausdruck von etwas anderem wirkt, dem Leben selbst, auf dem Gipfel seiner Intensität

---

416 Vor allem der Neodarwinismus entwickelt eine ganz neue Sichtweise auf die Sexualität – die menschliche eingeschlossen. Vgl. beispielsweise: Richard Dawkins, *Das egoistische Gen*, a. a. O., Kap. 9 (»Der Krieg der Geschlechter«); Jared Diamond, *Warum macht Sex Spaß? Die Evolution der menschlichen Sexualität*, München, Bertelsmann, 1998; Pascal Picq und Philippe Brenot, *Le Sexe, l'homme et l'évolution*, Odile Jacob, 2009. Auch die Neurobiologie liefert auf diesem Gebiet interessante Aufschlüsse: vgl. vor allem Jean-Didier Vincent, *Biologie des Begehrens. Wie Gefühle entstehen*, Reinbek, Rowohlt, 1990.
417 P. Ricœur, a. a. O., S. 236.

oder Empfindungsfähigkeit, dem Geheimnis des Lebens (»an diesem Geheimnis«, so heißt es bei Ricœur, »lässt uns die sexuelle Lust teilhaben«, nach ihm sehnt sie sich wie nach »dem angespülten Wrackteil eines Sinns« von welchem »untergegangenen Atlantis« auch immer[418]). Lebenstrieb? Todestrieb? Die beiden seien ein und dasselbe, meint Freud,[419] das ist vielleicht der verstörendste, beunruhigendste, bestürzendste Aspekt der Sexualität. »Unter dem Pflaster der Strand«, haben unsere Achtundsechziger poetisch formuliert. Freud hätte wohl lieber gesagt: »Unter dem Begehren der Tod.« Aber sterben kann nur, wer lebt (was Spinoza recht gibt und nicht Freud), da nur lebt, wer sterblich ist (was Montaigne recht gibt und nicht Spinoza). Daher sehe ich die Sexualität in ihrer teils berauschenden, teils schmerzlichen Mischung aus Bitterkeit und Süße, Kraft und Schwäche, ewiger Wiederholung (mag sie auch lustvoll sein) und Endlichkeit als Inbegriff der Lebensfreude.

Die Relativität des Begehrens

»Dem Tod kann man ebenso wenig fest ins Auge sehen wie der Sonne.« Das gilt heute sicherlich nicht mehr für das Geschlecht als Organ. Aber wir spüren schon, dass uns das Wesentliche entgeht, wenn wir es von ganz nahem be-

418 ebd.
419 »Jenseits des Lustprinzips«, G. W., Bd. 13, Abschnitt v bis vii, S. 35–69. Vgl. auch meinen Artikel »En lisant Freud«, Le Goût de vivre, S. 169–172.

trachten. Das Wesentliche? Das, was seine Bedeutung ausmacht: Nicht das Geschlecht, sondern das Begehren, das es in uns weckt – nicht das Geschlecht, sondern die Sexualität. Das Geschlecht ist eine Sonne. Das hat sich wohl jeder Mann schon irgendwann einmal gesagt. Von den Frauen weiß ich es nicht, aber fast jeder Mann bestimmt. Nicht das Geschlecht im Allgemeinen, sondern das besondere, das er vor sich hat, das er aus größter Nähe betrachtet. Nicht weil das Geschlecht schön wäre oder strahlend oder numinos, noch nicht einmal, weil jeder Mensch aus ihm hervorgegangen ist, von einem Koitus zum anderen, von einer Umarmung zur anderen (man denkt an Courbets *Ursprung der Welt*), sondern weil dieser bestimmte Mann in diesem bestimmten Augenblick dieses bestimmte Objekt so unbändig begehrt, dass er nichts anderes mehr sieht, dass er völlig in Anspruch genommen, hingerissen, im Tiefsten ergriffen ist… Das Absolute? Ganz im Gegenteil! Was ist relativer als dieses Begehren? Und was stärker? Und welches Objekt könnte natürlicher, eingeschränkter, menschlicher sein? Das Geschlecht ist nicht Gott und übt doch mehr Anziehungskraft auf uns aus. Ich wüsste keine Erfahrung, die überzeugender für den Relativismus oder Spinoza spräche, der erklärt, »daß wir nicht etwas begehren, weil wir es für gut halten, sondern im Gegenteil etwas gut nennen, weil wir es begehren«[420]. Das ist der blinde Fleck und vielleicht das einzige Licht. Wie sollen wir betrachten, was betrachtet? Wie beurteilen, was urteilt? Wie bewerten, was Wert

---

420 Um die oben zitierten Anmerkungen zu den Lehrsätzen 9 und 39 aus Buch III der *Ethik* zusammenzufassen (Zitat: Anm. zu Lehrsatz 39, S. 149).

verleiht? »Der Mensch ist ein begehrendes Betrachten«[421], oder ein betrachtendes Begehren, wie ich eher sagen würde. Wie könnte er sich selbst oder sein Begehren in Gänze sehen? Wie in seinem Inneren fest ins Auge fassen, was betrachtet, was begehrt, was bewertet (oder vielmehr Wert verleiht) oder was die Nacht, die ihn enthält, anzieht und erschüttert, in eine Sonne verwandelt? Subjektivität des Begehrens. Objektivität des Wirklichen. Ein absolutes Begehren? Das wäre ein Widerspruch in sich – oder Gott, was vielleicht auf dasselbe herauskommt. Wenn es, wie ich glaube, Wert nur für und durch das Begehren gibt, folgt daraus, dass das Absolute ohne objektiven Wert ist (»jenseits von Gut und Böse«, wie Nietzsche sagen würde, oder, was ich für richtiger halte, diesseits), also auch, dass unseren Werten keine absolute Wahrheit innewohnt – sondern nur eine Wahrheit des Begehrens, das diese Werte erzeugt und sich in ihnen aufzehrt, das in ihnen versinkt und sich in ihnen erkennt, sich in ihnen verliert und sich in sie rettet (das Begehren ist Teil der Wirklichkeit; der Wert gehört, selbst wenn er relativ ist, zum Absoluten). Relativismus: Primat des Begehrens, Vorrang der Liebe.[422] Lassen Sie mich zum Schluss feststellen, dass die Sexualität mir immer als der überzeugendste Beleg für diese These erschienen ist. Nicht der Wert dieses oder jenes Geschlechts rechtfertigt das Begehren, das wir nach ihm haben; sondern das Begeh-

---

421 P. Quignard, *Le Sexe et l'Effroi*, a.a.O., S. 10.
422 Zu diesem Relativismus, der eine metaphysische oder meta-ethische Position ist (siehe Montaigne, Spinoza, Nietzsche, Lévi-Strauss…), habe ich mich an anderer Stelle ausführlich geäußert. Vgl. vor allem *Valeur et vérité. Études cyniques*, PUF, 1994.

ren, das wir nach ihm haben, verleiht ihm – für uns – seinen Wert. Das Absolute hat kein Geschlecht. Wie könnte die Sexualität dann absolut sein? Jede Sexualität, selbst die einsame, ist Beziehungssexualität. Das macht sie so lebendig: Sie ist das Leben selbst als das (wenn auch in jeden Körper getrennt eingeschriebene) Vermögen, in einer Beziehung Genuss zu empfinden und zu schenken – Genuss an jener uns innewohnenden Eigenschaft, die dem Leben seit Jahrmillionen dazu dient, sich zu reproduzieren und zu erfinden, sich zu berauschen und zu steigern.

Das Geschlecht ist eine Sonne; das Geschlecht ist ein Abgrund. Aber es ist nur für den Einzelnen eine Sonne, nicht für die Natur und nicht an sich. Es erhellt jeden nur von innen (auch wenn sich das Begehren auf einen anderen richtet), und nur den, den es zum Leben erweckt. Das Geschlecht des anderen entflammt uns nur noch mehr, durch jenes Feuer in uns, das er entzündet oder erneut entfacht, das es spiegelt und verstärkt und das uns seinen Ursprung verbirgt. Es ist wie eine Nacht am hellen Tag, wie ein Abgrund aus Licht: Das ist der Abgrund des Begehrens – des meinigen und desjenigen des anderen , der für den, der liebt oder begehrt, einige Quadratzentimeter Haut oder Schleimhaut in eine Sonne verwandelt … Freud hatte völlig recht, vom Lebenstrieb zu sprechen. Der Orgasmus oder der Tod kommt noch früh genug.

Bitte beachten Sie
auch die folgenden Seiten

André Comte-Sponville
im Diogenes Verlag

Woran glaubt ein Atheist?
Spiritualität ohne Gott

Aus dem Französischen
von Brigitte Große

Was die Religion dem Gläubigen bereithält, muss dem
Atheisten nicht verwehrt sein. Werte, Spiritualität und
Trost gibt es auch jenseits von Gott. Ein Buch, das den
Nerv der Zeit trifft und all jenen, die nicht glauben
möchten oder können, neue Wege eröffnet.

»Es ist großartig, wie Comte-Sponville von sich aus-
gehend über sich hinaus denkt und es schafft, auch
dieses komplexe Erleben sprachlich zu fassen und
nach-denkend abzubilden.«
Barbara Dobrick / Deutschlandradio Kultur, Berlin

»Ein ermutigender und zeitgemäßer Beitrag für eine
Spiritualität ohne Gott. Äußerst anregend.«
Ayaan Hirsi Ali

»Große Ideen – klug, humorvoll und klar dargestellt.«
Publishers Weekly, New York

Kann Kapitalismus
moralisch sein?

Deutsch von Hainer Kober

Kann Kapitalismus moralisch sein? Diese Frage geht
uns alle an. Und zwar nicht nur in Zeiten der Rezes-
sion. Denn ob wir es wollen oder nicht: Mit unserer
Arbeit, unseren Wertschriften und Bankkonten und
mit unserem Konsum sind wir Teil eines ökono-
mischen Systems, das die einen zu Gewinnern, die
anderen zu Verlierern macht. Der Autor geht den
unterschiedlichen Einstellungen zum Thema Unter-

nehmungsführung nach und unterzieht die Mechanismen der Wirtschaft sowie der Moral einer Analyse. André Comte-Sponville stellt die brisanten und fundamentalen Fragen.

»Geschichte und Wirtschaft sind nicht moralisch – dennoch sollten wir versuchen, es zu sein.«
André Comte-Sponville

»Wohltuend pragmatisch geht André Comte-Sponville die Frage um die moralische Qualität von Kapitalismus an.« *Res Strehle/Tages-Anzeiger, Zürich*

»Zum Verständnis der Welt trägt dieses Buch wie kaum ein anderes bei. Philosophie, wie sie sein sollte: verständlich und nahe am Menschen.«
Florian Felix Weyh/Deutschlandradio Kultur, Berlin

Glück ist das Ziel, Philosophie der Weg

Deutsch von Hainer Kober
Mit Zeichnungen von Jean-Jacques Sempé

Philosophie kann man nicht lernen, man kann nur lernen zu philosophieren. Und Philosophieren heißt, selbst zu denken. Dabei geht es stets um die Frage: Wie soll ich leben? Die Philosophie gibt keine absoluten Antworten, keine Rezepte. Aber Anregungen und Vorschläge, über die man nachdenken, die man verwerfen oder annehmen kann.
André Comte-Sponville macht es uns vor. Er lässt uns dabei zuschauen, wie er seine Gedanken entwickelt. Sei es, indem er in sich hineinhorcht, sei es, indem er andere Philosophen zu Rate zieht, um an ihnen seine ureigenen Gedanken zu den ewigen philosophischen Themen zu formen.
Zwölf philosophische Betrachtungen über Liebe, Tod, Erkenntnis, Freiheit, Gott, Atheismus, Moral, Politik, Kunst, Zeit, Menschsein und Weisheit.

»Weisheit ist ein *Savoir-vivre*, Wissen, das das Leben betrifft. Philosophie bringt uns der Weisheit näher. Es geht darum, besser zu denken, um besser zu leben.«
André Comte-Sponville

»André Comte-Sponville hat die Gabe, dem Leser Erkenntnisse synthetisch zu vermitteln. Stück für Stück entsteht in jedem Kapitel ein Panorama an Ideen.«
Abenteuer Philosophie, Graz

Liebe
Eine kleine Philosophie
Deutsch von Hainer Kober

Kann die Liebe im Alltag eines Paares überleben? Kann sie glücklich und von Dauer sein? Wird sie nicht unweigerlich von Monotonie und Langeweile abgelöst?
Als Philosoph beantwortet André Comte-Sponville solche Fragen anders, als es ein Eheberater tun würde. Er fächert ein Panorama von philosophischen Ideen auf, das hilft, das große Wort »Liebe« besser zu verstehen – in all seinen Facetten. Der Leser folgt der Darstellung gespannt – und findet zugleich Rat und Anregung für sein Leben.

»Ein interessanteres Thema als die Liebe gibt es nicht.« *André Comte-Sponville*

»Auf die ihm eigene Art: spielerisch, gebildet und verständlich, nähert sich Comte-Sponville dem Thema Liebe.« *Livres Hebdo, Paris*